U0783353

编 写 组

组　　长：董圣鸿

执行组长：王敬群

成　　员：熊红星　张　璟　杨　成　罗晨蕾

廖红红　林科筑　王佳琦　杨　雪

邓范倩　郭　旭　邓　妍　邓　灿

CHUZHONGSHENG
XINLI JIANKANG ZHISHI SHOUCE

初中生心理健康知识手册

《"每天学点心理学"丛书》编写组

编著

江西教育出版社
JIANGXI EDUCATION PUBLISHING HOUSE

·南 昌·

赣版权登字-02-2024-424

图书在版编目（CIP）数据

初中生心理健康知识手册 / “每天学点心理学”丛书编写组编著. -- 南昌 : 江西教育出版社, 2024.12
（每天学点心理学）
ISBN 978-7-5705-4231-4

Ⅰ. ①初… Ⅱ. ①每… Ⅲ. ①心理健康－健康教育－初中－教材 Ⅳ. ①G444

中国国家版本馆CIP数据核字(2024)第041463号

初中生心理健康知识手册
CHUZHONGSHENG XINLI JIANKANG ZHISHI SHOUCE
《“每天学点心理学”丛书》编写组 编著

江西教育出版社出版
（南昌市学府大道299号 邮编：330038）

各地新华书店经销
江西千叶彩印有限公司印刷
787毫米×1092毫米 16开本 12.5印张 173千字
2024年12月第1版 2024年12月第1次印刷

ISBN 978-7-5705-4231-4
定价：28.00元

赣教版图书如有印装质量问题，请向我社调换 电话：0791-86710427
总编室电话：0791-86705643 编辑部电话：0791-86700573
投稿邮箱：JXJYCBS@163.com 网址：http://www.jxeph.com

· 序 ·

国家强盛需要健康而强大的国民心态。提升全民心理健康素养，是推进健康中国建设、平安中国建设和精神文明建设的重大时代课题。党的二十大以来，党和国家对心理健康事业作出一系列战略部署，强调要重视心理健康和精神卫生工作，并将其摆在经济社会发展大局的重要位置来谋划推进。

学习、掌握科学的心理健康知识，成为广大人民群众愈加强烈的意愿。生活中，人们经常面对各类心理问题，却不知如何应对与化解。诸如，“经常心情不佳，要如何处理？”“孩子有厌学情绪，怎么办？”“婆媳关系难处理，怎么解决？”“职场‘内卷’压力大，该如何化解？”……面对这些心理困惑，一套贴近民众生活的心理健康知识手册，有助于廓清心灵迷雾、洞察现象本质、找寻应对良方。

人民的需求就是工作的努力方向。江西省平安建设领导小组办公室联合江西师范大学，组织江西省社会心理服务体系建设研究中心专家和高校学者，精心编写了这套共10册的“每天学点心理学”丛书，涉及婴幼儿、小学生、初中生、高中生、大学生、教师、中老年人等多个群体。丛书编写始终坚持科学严谨、实用易懂的导向，每本书都精心挑选了各群体日常生活中可能面临的典型心理健康问题，运用专业理论知识分析阐释，让读者能够轻松理解和运用相关知识，一定程度上帮助读者解决问题、改善心理状态；同时，这套丛书也为从事心理健康工作的人员提供了实用的辅导读本，增强他们从事心理工作的实际本领，培育自尊自信、理性平和、积极向上的社会心态。

坚持“每天学点心理学”，阳光快乐每一天！

《“每天学点心理学”丛书》编写组

前言

初中生正处于身心迅速发展的关键时期，他们不仅要在学业上持续耕耘、追求卓越，还需应对复杂多变的人际关系和个人成长的诸多挑战。在这一至关重要的阶段，心理健康对于他们的全面发展具有无可替代的作用。拥有良好心理健康的初中生，能够深刻洞察并理解自己的情绪与思维模式，展现出与自身年龄相匹配的情商与智商。他们擅长有效应对各种压力与挑战，培养出卓越的适应能力与坚韧的抗挫能力。更为关键的是，他们能够怀揣积极向上的心态，建立起强大的自信心与自尊心，为未来的成长之路奠定坚实的基础。

然而，成长之路从非坦途，它需要青少年历经风雨、接受磨砺，方能收获人生的累累硕果。当下的初中生正面临着前所未有的新挑战与考验。他们可能会因一次不尽如人意的考试成绩而黯然神伤，也可能会因对某人萌生爱意而心绪难平、夜不能寐，还可能会因缺乏知心朋友，无人倾诉而深感孤独与无助。当然，他们也会因老师的表扬而满心欢喜，或因老师的批评而情绪低落。这些情绪起伏与心理变化，都是他们成长过程中的必经之路，也是他们心理成长的宝贵财富。

初中阶段是心理发展的关键转折点。学生们在这一时期内心充满了复杂的心理冲突，独立性与依赖性、自觉性与幼稚性相互交织，形成了一幅错综复杂的心理画卷。在这一阶段，个体呈现出明显的半成人、半孩童特征，具有很强的可塑性，但同时也伴随着不稳定性。为了帮助初中生在心理层面健康成长，熊红星等人精心编纂了《初中生心理健康知识手册》(以下简称《手册》)，为初中生提供了一份宝贵的心理成长指南。

《手册》紧贴初中生的实际问题与需求，直击他们可能遭遇的41个现实难题。内容广泛而深入，涵盖了情绪管理、压力调节、自我认知、人际关系与沟通技巧等多个方面。在撰写每个问题的解决方案时，《手册》充分兼顾了专业性、实用性与可读性，确保初中生能够轻松理解、有效运用。通过深度剖析典型案例，《手册》使初中生能够更深入地理解自己可能遭遇的问题与困惑的本质，并在此基础上提供切实可行的应对策略。这不仅能够为他们在遇到类似问题时提供启示与借鉴，还能助力他们顺利解决问题，实现个人成长与蜕变。

《手册》不仅适用于初中生本人，还对其家长与教师具有重要的指导意义。建议读者结合日常生活实际进行练习与运用，以提升学习效果。通过实践与运用，《手册》中的理论知识将转化为初中生解决实际问题的能力与智慧。相信《手册》定能助力广大初中生更加健康、快乐地成长，为他们的青春篇章增添无限光彩与活力，让他们的成长之路更加光明与宽广。

江苏师范大学

目录

第一篇 学会学习 1

01 小学成绩好，初中成绩出现波动怎么办？ 2
02 作业任务增多，如何尽快适应？ 7
03 感觉脑子转得停不下来，如何安然入睡？ 12
04 考试怯场，如何沉着应对？ 17
05 平时成绩不错，考试如何正常发挥？ 21
06 学习的意义是什么？ 24
07 如何停止拖延，让学习更高效？ 29
08 即使每天学习，仍感觉空虚无聊是哪般？ 33
09 很努力了，但学习成绩难以提高怎么办？ 37
10 学习很枯燥，如何激发学习兴趣？ 42
11 常有学习机器的感觉，怎么才能做学习的主人？ 46
12 每天学习很紧张，可以不进行体育锻炼吗？ 52
13 存在偏科现象，还有自信的理由吗？ 56

第二篇 学会相处

第二篇 学会相处 61
14 面对校园欺凌，如何坚定地说“不”？ 62
15 生活习惯差异导致室友矛盾，如何合理沟通？ 67
16 面对他人的不合理请求，如何妥当拒绝？ 71
17 自认为是小过失，别人却揪住不放怎么办？ 76
18 经常争得面红耳赤，如何实现“君子和而不同”？ 81
19 努力去对他人好，自己常常很委屈怎么办？ 86
20 当好友做得不当时如何处理？ 92
21 可否向师长提建议？ 96
22 当父母的要求过高时，如何合理表达？ 100
23 想要老师做到公平时，如何妥当争取？ 104
24 当你想要得到某位老师喜欢时，如何做才恰当？ 108
25 如何与“看不惯”的老师相处？ 112
26 如何选择好友？ 117
27 如何化解误会？ 122
28 上台讲话就表达不顺畅，如何改善？ 127
29 “红眼病”可治吗？ 130
30 异性交往如何把握分寸？ 134
31 “早恋”何去何从？ 138
32 与人说话时脸红心跳怎么办？ 141

第三篇 积极成长 145

33 “脾气大王”可以做到适可而止吗？ 146
34 盲目追星不可取，榜样学习很有益 150
35 怎么看长相问题？ 155
36 父母过度保护，如何快速自立？ 159
37 为什么比别人努力，学业成绩还是提不高？ 163
38 如何走出网络成瘾，投身现实？ 168
39 抑郁来侵怎么办？ 172
40 如何让孩子不离家？ 177
41 如何面对孩子的“叛逆”？ 183

后记 187

第一篇 学会学习

01

小学成绩好，初中成绩出现波动怎么办？

案例导入

小唐的父母都是某单位的职工，平时工作比较忙。小唐读小学时成绩一直名列前茅，这一直让父母很是欣慰，小唐对自己的学业表现也很满意。

去年9月，小唐进入本市某中学读初中一年级。一段时间后，小唐感觉自己的学习环境发生了很大的变化。她心里很苦恼：为什么学习越来越吃力了？初中和小学的学习差别很大，比如上小学时每天下午3点30分就可以放学，而现在要下午5点后才能放学回家；小学的作业花点时间就能完成，而现在的作业每天要做到很晚。每当老师布置作业时小唐就很痛苦，在家也常因为母亲催促她学习而发脾气“罢工”——根本不想学。小唐其实不甘落后，她有很强的进取心，上小学时，因为学习成绩优秀一直备受同学和老师的关注。但进入初中后由于学习成绩一直处于中下水平，未得到老师和同学的关注，于是小唐产生了很强的挫败感。家里人也感觉小唐自从进入初中以后，情绪波动很大，经常为一些小事发脾气。

心理解读

小唐的情况是一种常见的学业适应问题。每当在学业中有重大的转折时，有相当一部分同学会出现暂时的不适应现象。如小学升初中，初中升高中，高中升大学等，均是如此。具体来说，小学升初中学业不适应受以下常见因素的影响。

期望与现实的落差。青少年自我期望与现实水平之间是存在差距的，而相当一部分学生却看不到这种差距，甚至不承认差距的存在，这是初中生自我认知中的普遍问题。小唐在这一问题上表现得尤为明显。小唐未能正确认识到初中阶段的学习和小学阶段的学习存在差距，不管是在学习的量上还是学习的难度上，所以她仍然认为自己可以和小学一样成绩优异。她对自己学业表现的认知停留在过去，但此时外部的客观学习环境发生了变化，导致小唐的学业表现大不如前，这巨大的落差对于小唐来说便是一个挫败。

未及时调整学习方法。很多刚上初中的同学在观念上未及时转变，觉得小学和初中的差别应该不大，还一直沿用小学的学习方法，导致进入初中后未能很好地适应。初中与小学在学习上有以下几点区别：

1.学习内容更多。初中除了语文、数学、英语外，还有物理、化学、生物、地理、历史、政治等其他科目。

2.学习难度更大。小学重视形象思维，偏重背诵和记忆；初中则更重视抽象思维，偏重理解和分析。

3.学习时间更长。初中在学习和写作业上所花费的时间比小学长。

4.老师讲课进度更快。初中的科目更多，各科的课时自然更少，于是进度必然更快。

这些变化要求学生在学习上要更自主，要更注重知识的联系性。

“唯分数”的自我评价标准。在此案例中，小唐由于受到升学压力的影响，过分在乎自己的学习成绩，对于其他方面能力的关注甚少，且家长也只用学习成绩作为评判学生的唯一标准，导致她总有挫败感。

应对之道

面对学习成绩波动，建议做以下尝试：

增强学习的自主性，选择优势学科先行突破。初中后，学习内容更多、难度更大、老师讲课进度更快，一开始跟不上是正常的。初中生的学习不能只跟着老师的节奏走。每个人的情况不同，对知识的掌握程度也不同。建议学生选择一两科自己喜欢且基础扎实的学科，制订适合自己的学习目标和计划。先把优势学科学好，从中找到适合自己的学习方法，再迁移到其他学科的学习中去。

掌握新的学习方法，要更注重知识的联系性。小学和初中所涉及的学习内容大不相同，学习难度的跨度也有差距，不可完全沿用以往小学阶段所采用的学习方法。一些基本学习方法，如预习、复习、专注听讲、做笔记等仍然适用，但远远不够，还要掌握一些新的学习方法。

第一，将知识网络化。对每个学科的知识，要主动整理成表格或思维导图，明白不同知识点之间的关系，形成知识网络。碎片化学习完全不能适应初中的学习要求。知识网络化其实是对知识的组织、整理、整合、总结的过程，也是一种非常重要且终身受益的学习方法。

第二，将问题探究化。初中的学习，遇到的问题肯定要比小学多得多。面对问题，要用研究的态度来对待。可做以下几点：

1. 制作“错题本”。对不会做的题，没有掌握的知识，制作一个“错题本”，要说明这个问题涉及哪些知识点，自己为什么会做错，这个问题还有什么变化的“版本”等。这有利于培养学习的自我认知监控（自己监控、反思自己的学习过程）的重要技能。

2.与同学和老师探究。“独学而无友，则孤陋而寡闻。”无论是学习还是拓展探究，与人交流是非常重要的。自己不会的，与人交流就少一个障碍；自己会的，与人交流就多一种思路。

3.搜索资料，自我探究。养成使用工具书和搜索引擎的习惯。在向他人求助条件不足时，要学会主动查资料，自己解决问题。

接纳自己的学习“慢热型”，注重步步为营。每个人的学习能力是有差别的。在小学阶段，由于课业任务的难度没有那么大，因此同学们没有拉开太大的差距。进入初中后，随着课业任务的繁重，越来越考验大家学习新知识的能力。有些同学接受知识的能力强，学起来更轻松；有些同学吸收知识的速度比较慢，需要花比别人更多的时间来思考和消化。面对这一落差，有些同学可能无法接受在学习上不如别人的事实，从而陷入“我不行、我没用”的旋涡中。

对于这部分同学，首先，我们应察觉到自己在学习中属“慢热型”，不代表能力低。应该告诉自己，“我有我的学习节奏，学习重在掌握。我虽然学得慢，但只要步步为营，就一定能天天向上”。其次，如果发现自己在某门学科的学习中花了大量的工夫仍然没有特别大的进步，也不用着急，继续保持这个节奏，然后再多花一些时间在自己有优势的学科上，以实现更大的突破。

提高分数重要，提升核心素养更重要。现代社会对人才的界定是多种多样的，所谓“行行出状元”，这里所说的状元，并非都是些学习成绩好的人。生活中我们不难发现，在其他领域出色的人，他们也具有各自的优势和特长。因此，我们不应唯分数论，应当以全面的角度来看待自己，认识到自己身上的一些闪光点，培养自己的特长和优势，才能在未来竞争的道路上脱颖而出。例如，加强对自己的终身学习能力、独立能力、交往能力、实践能力、优秀品格等方面的培养，力争成为其他领域的人才，找到学习领域之外的自信。案例中，小唐在校期间可以多参加学校或班级组织的集体活动，如拔河比赛、演讲比赛等，抓住发展、锻炼自己的机会和平台，从各个方面来提升自己的能力。当发掘到自己身上的闪光点后，这些来自学习以外领域的肯定和鼓励也会让小唐对自己有更多自信心，激励她在学习上更加努力，从而实现学业的进步。

此外，应注重核心素养的培养。具备良好核心素养的初中生具有一定的思辨能力，能够独立思考与判断，能够正确地认识与评价自我，积极地完善与接纳自我。同时，他们大都有明确的学习目标，不畏困难、勇于探索，具有完成目标的持续行动力和心理能量。这些良好的核心素养在一定程度上可以抑制学业挫败感的产生。

心理小贴士

制订计划的一般步骤

1.在制订计划前先分析自己在学习中的薄弱项有哪些，针对薄弱项来制订并展开自己的学习计划，这样的计划才更有效。

2.在制订计划的时候以月、周、日作为单位，明确每月、每周、每日都应该完成哪些计划。此外，在实施计划时应根据实施的具体情况做一些必要的调整，如果计划太松弛则增加一些学习任务，如果计划太紧凑则删减一些学习任务，要能保证自己一周的学习计划至少能有80%的完成度。

3.在制订完学习计划后，一定要配合强有力的执行力，每天的学习任务不拖沓，争取当天任务当天完成。

02

作业任务增多，如何尽快适应？

案例导入

小汤的成绩一直在班级名列前茅。他在小学时的学习习惯非常好，积极主动完成老师布置的作业，可是进入初中后，随着课业压力的增加，小汤觉得作业一下子变得多了起来，完成作业对他来说不再是一件简单的事情，这给他带来了一些学习上的烦恼。开学两个月了，随着新知识学习的推进，每门学科都会布置相应的作业，小汤因此觉得有点难以应付。每天至少有三四门学科需要做同步练习的作业，此外，还有相应的试卷，这些作业将小汤的书包塞得满满当当，压得他喘不过气来。小汤每天写作业都要奋战到晚上11点，睡眠不足，严重影响了他第二天的听课效率。小汤总觉得学习时间不够，学习效率也不高，此外，作业也是堆积如山，感觉永远也做不完。

心理解读

小汤遇到的作业应对策略不足，是小学升初中学业适应问题中一种比较典型的情况。主要的影响因素有以下几点：

对作业缺乏正确的认识。有些学生的学习自主性不高，把作业看作是在完成教师布置的任务或是在实现家长的期盼，没有认识到完成作业是自己的事情。在自身责任感缺乏的情况下，学生很难做到积极地自主学习，反而把学习看作是强加给自己的负担或者是来自外部的压力。因此，当作业对于学生而言变成了一件“赶鸭子上架”的事，那学生就会出现很大的心理负担，影响完成作业的效率。

缺乏合理的学习时间规划。有些学生没有对学习时间进行系统规划，使得他们在面对各科目的作业时，觉得自己的学习时间永远不够，即便完成了作业，也无法做到高效率。

作业量明显增加。初中后，学习科目增加，势必带来作业量的增加，另外知识点的增加也自然带来书面作业的增加。

应对之道

面对作业任务增多，作为学生可以做以下尝试：

积极认识作业的意义。作为完成家庭作业的主体者，学生应该具备良好的学习心态，正确、客观地对待家庭作业，要从意识上认识到家庭作业的重要性。首先，家庭作业不是教师派给学生的任务，而是为了提升学生的知识能力、发展思维，帮助学生查漏补缺巩固所学的知识。其次，作为一项自我学习任务，家庭作业应该自觉完成，主动地接受它，而不是选择被动和抗拒的方式。最后，对于已经批改过的作业，学生更加应该认真对待，尤其是发现学习漏洞时，要积极努力改正，避免在以后的学习过程中出现同样的错误。

把握好自己的最优作业时长。对于一个学生而言，不一定是在家庭作业上花费更多的时间，才能取得更好的成绩。各年级的学生在完成作业时均存在一种最优的作业时长，在未超出最优作业时长的条件下，课后作业时长越长，学习效果越好；但一旦超过最优作业时长，学习效果就会有所降低。一般来说作业时长在两小时之内，对初中生是较合适的。因此，要学会合理规划作业时间，在有限的时间内高效地完成作业。当然，每个人的最优作业时长是不一样的。案例中的小汤刚进入初一，可以尝试规划每门学科完成作业的时间，在完成作业时避免拖沓，做到时间的控制与把握，以更高效的速度巩固所学的知识。

精简作业的题量。目前有些学校在布置作业时会采用“题海战术”。在心理学中，知识分为上位知识和下位知识。上位知识的特点是概括程度高，包容性强；下位知识则更具体细微。“题海战术”注重对下位知识进行重复练习，从而做到对知识的巩固。这导致的问题是，下位知识不能联系起来。在面对“题海战术”时，学生应当结合自身情况来考虑，有些学生，做大量的题目可帮助其及时巩固所学的知识；但对于另外一些学生，“题海战术”所带来的反复、无趣的练习，反而浪费了学生宝贵的学习时间，打击了学生的学习积极性和学习兴趣。因此对于知识的学习，我们可以结合下位知识的特点，通过对练习题中的内容进行总结和概括，形成上位知识，这样就大大提高了完成作业的效率，做到在精简的题量里更高效地学习知识。

学会管理有效的学习时间。面对繁重的学习任务，学会管理自己的学习时间，对于提高完成作业的效率也是十分有帮助的。

同时，老师能做以下调整就更好：

兴趣引导。教师在布置作业的同时，应当意识到兴趣是学生最好的老师。如果学生对教师布置的作业感兴趣，那么学生会更愿意花时间来高质量地完成作业。因此，教师要在满足学生求知欲望的过程中，激发学生的兴趣，将兴趣贯穿教学的始终。通过提高学生的学习兴趣来帮助学生积极主动地完成作业，从而提高学生的作业质量。除此之外，教师布置作业时，除了布置一些用笔写的作业之外，还可以布置一些实践性的作业。例如让学生给家长讲故事，让学生讨论对某一观点的看法等，通过这种实践性的作业能够激发学生的学习兴趣。实践性的作业也非常重要，要教育学生不仅要学习书本上的知识，更重要的是将其付诸实践。

个别化处理学生作业完成情况。学生难免出现未完成作业的情况，针对学生不能按时、按质地完成作业的情况，教师应当先询问其原因，然后再采取相应的措施。学生未完成作业一般有以下几种原因：一是缺乏完成作业的能力；二是因为其他学科布置的作业太多而没有时间完成；三是学生的身体不适，无法完成作业。如果学生缺乏完成作业的能力，那么教师应该对学生进行单独辅导，直到学生有能力完成作业。除此之外，教师在进行作业讲解的过程中，应当教给学生一些学习方法，让学生能够按照正确的方法学习，这样既能够减轻学生学习的负担，还能提高学生完成作业的质量。

心理小贴士

时间管理的方法

番茄钟法（255法则）。努力投入学习25分钟，短暂休息5分钟，放松而非娱乐，然后重新开始下一轮的学习，以此规律循环。每经历4组循环就休息30分钟。

时间管理四象限。按照任务的重要性和紧迫性进行四个象限的划分，依次是重要且紧急任务、重要不紧急任务、紧急不重要任务、不紧急不重要任务，根据这些任务的特殊性优先选择需要完成的任务。

瑞士奶酪法。充分利用碎片化时间。

03

感觉脑子转得停不下来，如何安然入睡？

案例导入

小李，13岁，是某中学初一学生。小学阶段小李的睡眠一直很好，每天早上7点按时起床上课，晚上9点左右上床睡觉，上床后也能很好地进入梦乡。有了良好的睡眠基础，小李上课能够专心听讲，学习成绩一直名列前茅。

但是这种状态在进入初一后被打破了。首先，小李在与同学的交往上遇到了一些小问题，觉得自己没有朋友，看着同学们相互陪伴的背影，小李内心非常失落，常常在夜里抹眼泪，平时也总是郁郁寡欢。其次，由于初中课业负担加重，小李一时间很难平衡各个学科的学习时间，经常写作业写到半夜才上床睡觉。第一次月考的成绩出来后，小李的成绩非常糟糕，这让小李很苦恼，并且严重影响了她的睡眠。

最近小李睡不着的时候脑海里总是浮现一些想法：担心别人对自己的评价，担心自己以后的考试也考不好，担心今晚会不会又失眠了……于是她更加焦虑了，睡眠质量也越来越差，即使睡着了也是很浅的睡眠状态，一有什么声音就容易醒来。有时候晚上还会做一些噩梦，常常梦到自己下次考试更差了，梦到自己被同学们嘲笑了，梦到自己的作业怎么做都做不完……

由于晚上睡眠质量不好，小李白天也出现了相应的躯体症状，比如感到头晕目眩、腰酸腿软、体倦乏力，上课注意力不集中，健忘，学习效率降低。

心理解读

小李的睡眠质量出现了暂时的下降。影响睡眠质量的因素有很多，包括外界环境、生理功能等，大致可归纳为压力和认知两方面。

压力事件。压力是公认的睡眠杀手，大量研究证实了学习压力、家庭压力等多种压力与睡眠质量的下降有关。其中，初中阶段最常见的压力有：因为临近考试，担心没有充分复习；在人际关系上处理不当，导致有心理压力；因为作息太忙碌，比如放学之后又是参加体育训练又是赶去上培训课，没有时间充分休息；等等。这些外界压力会引发个体不良情绪，久而久之可能会诱发心理疾病，如抑郁症、焦虑症等，从而进一步影响睡眠质量。案例中的小李就面临着繁重的学业压力，还伴随着对考试的担忧，并且由于在学校里没有交到新朋友，有一些人际关系方面的压力，这些压力很可能就是导致小李失眠的重要源头。

不恰当的想法。睡前思维的内容包括两个方面：对压力事件和睡眠本身的过度思考。遇到压力事件，人们会对其进行评估，若评估是积极的，这些事件就不会带来太大的压力感；反之，就会产生影响睡眠质量的睡前思维。同样，当出现偶尔的睡眠异常时，人们如果过分担忧睡眠不良所导致的消极后果，这些担忧也会影响睡眠质量。案例中的小李就有一些不恰当的想法，首先，她会关注自己的失眠状况，使得她更加焦虑，更不能进入良好的睡眠状态。其次，对于考试失利这件事，小李一直对其进行消极的评估，觉得自己以后可能会越来越失败，导致她的失眠状况越来越糟糕。

可见，个体对生活事件及睡眠本身的看法，对个体自身的睡眠质量起着不可忽视的作用。

应对之道

如果遇到睡眠问题，可以做以下尝试：

正视睡眠问题。当面临睡眠困扰时，首先应树立正确的态度。过分重视睡眠问题、过多忧虑失眠问题都是不合理的心理状态。反之，顺其自然，不过分夸大失眠问题，对偶尔的睡眠不良经历保持轻松的态度。此外，相信自己的身体调节能力，当我们困倦时自然就会有睡眠的想法了。

破除“唯分数”评价误区。不能正确看待学业成绩，是学习压力大的非常重要的影响因素。当学业成绩达不到自己的要求时，我们不应该完全否定自己，一方面应在学习中努力探寻适合自己的学习方法和学习计划，另一方面应从不同的角度去完善自我认识和自我评价，不单单只局限于学习成绩。只有对自己有一个更为积极全面的评价，才不容易走入“唯分数”评价误区。案例中的小李存在较强的学业评价焦虑，担心别人对她的评价。小李应当及时认识到这一误区，将重心放在对自己的客观评价和具体可以改进的地方上，而非过多在意他人对自己学习的评价。

适当运动。适当的运动有助于提高我们的睡眠质量，运动可以帮助个体提高新陈代谢，促进血液循环，从而提高个体的睡眠质量。不过应注意避免在睡前进行剧烈运动，运动的时间最好安排在睡前的3小时左右。案例中小李在放学后可以做做体操、跑跑步，或者与家人打打羽毛球等，这些运动对缓解疲劳、放松精神是有显著作用的。

注意睡眠卫生。科学研究表明：睡眠可以巩固记忆。当我们进入梦乡后，执行某些学习任务的神经细胞活动序列在随后的睡眠过程中也会自发重复。所以，培养科学的睡眠习惯对初中学生来说非常重要。

1.规律睡眠。每晚按7.5小时设置入睡到叫醒的时段比较好。同时，有规律的作息有利于人体的生物钟自然入睡和醒来。

2.适当午睡。医学研究表明，适当午睡可以提高下午和晚间的学习效率。需要注意的是，午休时间不宜过长，一般应控制在20～30分钟。如果午休长时间进入深度睡眠状态，醒来后的精神状态反而不会太好。

3.充足睡眠。虽然学业很重要，但是用熬夜来延长学习时间的方式也是不可取的。对于初中生而言，夜间睡眠时间在七八个小时为宜。当然，每个人需要的睡眠时间是不同的，遗传、年龄、季节等因素都会影响睡眠时间。

心理小贴士

良好的睡眠小习惯

睡眠能消除疲劳、恢复体力，有好的睡眠，才能有充满活力的一天。养成良好的睡眠习惯，对学生的健康成长至关重要。加强睡眠卫生的小习惯主要有：

睡前用温水泡脚。睡前泡脚不但可以促进血液循环，而且对消除疲劳、改善睡眠大有裨益。

科学的睡觉姿势。由于心脏大部分位于胸腔左侧，右侧卧可以使心脏受压力较小，同时也有利于食物的消化和血液循环。另外要避免趴着睡，这种睡姿太过压迫心脏，容易呼吸不畅。

良好的睡眠环境。卧室通风透气、环境静谧、灯光柔和都有助于安心入睡。

入睡前听听音乐。舒缓的音乐可以让白天紧绷的神经得以舒缓，有助于睡得轻松舒适。

考试怯场，如何沉着应对？

案例导入

小张是一名初中三年级的学生，今天是学校的期中考试，上午考数学，她一走进考场就觉得心慌意乱，心跳得特别快，有种呼吸不过来的感觉。不一会她就满头大汗，觉得自己全身肌肉都僵硬了，握笔的手一直在发抖，肚子也隐隐作痛。看着考卷上的题目，她觉得天旋地转，大脑一片空白，看都看不懂，之前学过的知识全忘了。小张感觉这次肯定考不好，她恨自己没用，重重地跺了几脚，想以此缓解肌肉的僵硬，却不想跺脚之后手抖得更厉害了。监考老师察觉小张的情况不对，走过来询问她是不是身体不舒服，这时整个考场的同学也看向小张，这下她更紧张了，脸涨得通红，支支吾吾半天都说不出话来。这种情况不是第一次出现了，小张平时成绩不太好，排在班级中下游，和她要好的小李则每次都考班上前几名。她觉得自己太差劲了，明明两人一起玩，小李却次次考得都比她好，哪怕自己有时考试进步了，也还是比不上小李。小张觉得自己可能就是天生的“笨脑袋”，不管怎么努力都超越不了那些天生聪明的同学，于是她非常害怕

考试，怕考出来成绩落后让其他人看不起。她越是这样想，每次在考场上时就越紧张，这个学期的期末考试甚至都不想参加了。

心理解读

小张的考试焦虑属于生理唤醒（激发）主导型，即在考场害怕过度，生理反应明显。我国学者田宝把考试焦虑划分为：认知主导型、生理唤醒主导型、技能缺乏主导型三种类型。考试怯场属于生理唤醒主导型的考试焦虑。它是指由于评价情境中过强的驱动和唤醒（考试中太想考好，太怕考不好），导致个体产生明显的生理反应。

考试怯场的学生可能会产生众多的情绪问题，如焦虑、紧张等；可能会产生某些认知问题，如注意力不易集中，学会的内容记不起来或记起来的知识模糊不清，或比平时想得更慢、更浅、更窄，等等。

考试怯场的主要原因如下：

过分害怕失败。有研究表明，想掌握知识，又想拿好分数的人，焦虑程度最低；想掌握知识，同时又怕拿不到高分，还又想提升能力的人，焦虑程度中等；心里只是怕拿不到高分的人，焦虑程度最高。因为表现自己同时避免失败为目标者的重点在于努力避免消极结果，且他们关心的是怎么样才能不让自己显得比别人笨。具体来说，它会使个体过分考虑失败的结果，且对失败的定义就是结果比别人差。就像案例中的小张，每次考试她都害怕自己在班上落后，考得不如别人，这种心态最有可能诱发高度考试焦虑。

对自己的能力缺乏自信。根据自我效能感理论，个体对于当前自身无法应对的危险性事件会产生焦虑和恐惧情绪。研究表明，自我效能感较低（对自己的能力自信心低）的人往往伴随着较高的焦虑水平。很多焦虑严重的学生在考试之前可能就已经产生了贬低自我的想法。就像案例中的小张，她认为自己就是脑子笨，努力了也考不好，这就是一种自卑心理，从而会产生高度考试焦虑，让她想要逃避考试。

生理反应加强焦虑程度。考试时会出现焦虑，这是因为人体的交感神经系统被激活。交感神经系统平时负责唤醒和调动身体的活动，一旦遇到紧急情况，会迅速激活人体的各个器官，同时耗费大量能量。平时遇事易紧张、躯体过度反应的个体，在遇到考试时身体会根据以前的经验自动躯体化，更容易产生生理上的不适感，这种不适感可能从考试前就开始，一直持续到考试结束。

应对之道

由于考试怯场具有典型生理特性，腹式呼吸训练可以较为有效地减缓生理性紧张，腹式呼吸步骤如下：

1.找一个舒适的姿势坐下来，保持身体与座椅靠背平行且放松，双腿自然分开，使肩膀与腿部呈现一个90度的角度。同时，稍微向下倾斜头部以保证舒适度，避免肌肉过度紧张。尽量放松身体，减轻肩部、胸部、腰部、手腕和脚部等部位的不必要的紧张感，避免身体僵硬。

2.吸气时，用鼻子慢慢地吸入，感觉气流一直到肚脐下3厘米的地方，手抬高，同时腹部鼓起，时长4秒。

3.屏气，时长7秒。

4.吐气时，慢慢吐，腹部往内收，使腹部往脊柱靠拢，吐气时不要全吐了，要感觉还有气。吐气时体会精神集中和身体松弛舒适的感觉，可以感觉到肩膀缓慢地下垂，时长8秒。

5.按照“4、7、8”（吸气4秒、屏气7秒、吐气8秒）的节奏进行练习。重复5遍左右，如果没有放松，可重复做该训练。

心理小贴士

考场上不能太关注结果

心理学中有一个概念叫“瓦伦达心态”。它源自一位著名的钢索表演艺术家瓦伦达，他表演时钢索通常离地几十米，且表演过程没有任何保护措施，但瓦伦达从来没有出过事，因为他走钢索的技术十分纯熟。然而在他73岁那年，他接了一场表演，要在两座20层高的大厦之间表演走钢索，全国知名的人物都会到场观看，这一次的成功将奠定他在杂技界的地位，对他的人生具有重要意义。但是令人意想不到的是，正式表演时他仅仅做了几个简单的动作后就从高空摔落，不幸身亡。事后记者采访他的妻子，得知瓦伦达在出场前曾反复说道“这次太重要了”“不能失败”，他以前每次成功的表演都不曾有过这种反应。可以认为，正是因为瓦伦达太害怕这次表演的失败，才导致他无法专注于走钢索本身。如果他没有这么在意失败的结果，凭借他走钢索的技巧完全可以走过那条钢索。这种为了达到目的患得患失的心态被称为“瓦伦达心态”。考试怯场也属于“瓦伦达心态”的一种表现，具体指的是考生在应考过程中，由于考场情境与考试本身带来的强烈刺激，使其精神高度紧张，产生严重焦虑、胆怯和恐惧等不良情绪，导致认知、操作的种种障碍与明显的身心不适感，出现正常的心理活动暂时失调或中断等现象。

05

平时成绩不错，考试如何正常发挥？

案例导入

小李平时做作业和模拟测试时成绩都不错，她对自己的学习成绩感觉良好。老师上课讲的内容她都能听懂，感觉没什么难的，也就懒得做笔记。做练习册的时候虽然也会做错几道题，但总体正确率还是挺高的，她也就不太在意。一次考试前，小李太想取得好成绩了，她很害怕自己考不好，听班上的同学都在说临时抱佛脚有效，于是她也打算考前几天晚上咬咬牙搞下突击，少睡几小时也没事。等到正式考试时，她有点犯困了，感觉大脑运转不动，有些知识点好像老师上课讲过，但也不太确定；有些题目好像之前做到过类似的，但不记得正确答案到底是哪个，只能凭感觉选。考试成绩出来，小李的成绩比平时自己在家做模拟卷的成绩差多了。主观题答题写了一大段但分数很低，客观题因为读题不认真而丢了很多的分数，甚至有些还是她之前练习过的原题。小李很苦恼，明明平时学得不错，怎么一到考试就发挥不出来了呢？

心理解读

小李的这种考试焦虑属于技能缺乏主导型。因为没有对日常做题和考试进行系统化的总结训练，没有形成记忆的有效策略，当在考场上时，这些学生往往不能把学过的知识顺利从头脑中提取出来，不能把注意力集中在分析题目上，反而集中在消极情绪上，从而导致高度焦虑、考试成绩不佳。小李平时课后从不总结老师所讲的知识，每次做完题后从不去分析错题，所以每次考试，她都没有任何应试技巧和总结，以致之前做过的原题还会做错。

应对之道

和考试怯场不同，考试成绩不佳需要我们更加侧重对日常学习和考试技能的训练。训练的目标在于协助学生在考试环境中更高效地规划时间，更有效地实施信息的整理、组织、加工、存储以及提取。已有研究表明，学习和考试技能训练可以提高这类考试焦虑者的学习成绩。提高学习和考试技能的具体方法如下：

提升时间管理技巧

1.学会统筹安排学习时间，制订长期和短期目标，对学习时间作出总体规划，并通过细化时间表来落实。

2.考前一周可以制订一个短期复习计划，其中要注意：复习的顺序应该同考试的顺序相一致，安排复习科目时最好可以分散一些，在复习内容上把课本和错题作为重点。

梳理答题技巧和分析考试中的疏忽

考前通过请教老师或阅读参考答案，梳理好各类考试题型的答题技巧，分析自己在以往考试中常见的疏忽，形成错题集，并总结方法。

掌握记忆策略

1.要对知识产生自己的理解，善于总结关键词，最后能按照自己的话把它复述出来，不要死记硬背。

2. 学会画思维导图。

3. 利用谐音和联想等方法记忆知识点。

4. 按照艾宾浩斯遗忘曲线规律去巩固学习内容。

学会保持最佳考前状态

生理上：

1. 保持日常早睡早起的作息规律，临近考试也不要熬夜，避免疲劳。

2. 考前注意健康饮食，避免吃辛辣或者自己身体不耐受的食物。

心理上：

1. 对自己要有充足的信心。

2. 平常心看待考试。

3. 按照自己的节奏学习，不要受周围人的影响。

心理小贴士

如何提升应试技巧

在考试技能中，有一类叫应试技巧。平时可以通过模拟考试和在家中来进行训练。重点训练自己做好以下几点：

1. 检查答题的完整性。

2. 作答前通览全卷，了解题型和题量，以合理规划时间。

3. 学会跳过难题，对不同题目预留时间。

4. 及时涂卡，一完成选择题就涂。

5. 书写工整。

6. 仔细审题，平时做一些审题训练。

7. 学会面对难题。大题难的话，可做其中的小题，实在不行就跳过。

8. 学会检查，如用答案反推。

06

学习的意义是什么？

案例导入

小王今年读初中一年级，是个热心的女孩，平时在班上如果有同学需要帮忙，她总是第一个站出来，因此她的人缘很好，但她的学习成绩就没有人缘那么好了，考试成绩很不理想。老师私底下跟她的父母说，如果再不努力，小王很有可能考不上高中，父母听完很着急。

父母对小王有很高的期望，希望她能考个好大学。听说小区里其他孩子已经在提前学习了，小王父母也赶紧给她报了加强班和提前学的班，势必要在这个暑假让她把学习成绩提上去，赶超同龄人。小王感到前所未有的焦虑，她很怀念幼儿园和小学的时光，那个时候没有这么大的学习压力，自己每天都挺快乐的，也不会觉得不如别人。但现在，她觉得如果考不上高中，那这几年的书就等于白读了，父母肯定会很失望，以后她的人生也会变得毫无意义可言。为了提高成绩，她在应该休息或与朋友玩耍的时间都在埋头写作业，或辗转于各个辅导班之间。她感到又累又绝望，觉得自己像一台永不停歇的学习机器，人生全部的意义就是学习、考高分、升学，除此之外再无其他。

心理解读

每个学生和家长都肯定思考过这个问题：如果不能考高分、上名校，学习的过程是不是就没有意义了？显然不是，因为我们学习不只是为了追求分数、名校等外在的目的和动机，还包括追求真理知识、发现美感、提升素养、涵养品德、发现人生意义、满足精神需要等内部动机。而目前小王的学习以外部动机为最主要的目的。那为什么会出现这种情况呢？

学习目的更功利。随着年龄增长，社会阅历也在不断增加，因此学生在学习时会不可避免地考虑到父母的期望、升学等现实因素，而不再像小时候一样单纯靠好奇心驱动学习，我们把这称之为学习的功利化现象。就像案例中的小王，她觉得自己在上幼儿园和小学时没有这么大的学习压力，但上初中就不一样了，她开始担心自己的未来。外部动机可以使学习的方向性和目的性更明确，因此也不全是消极的，但如果在外部动机增强的同时，内部动机却大幅减弱，那学习的生动之处就会变得单调机械，学习的质量就不会高。

考试过多。考试增多、难度加大的压力下，学生的认知资源被各种考试大量占据，会减少学生在学习时积极的情感体验。就像案例中的小王，她觉得学习的目的就是满足父母的期望，但自己永远没办法让他们满意，随之而来的焦虑情绪也日益增加，想到学习就很痛苦。

分数被看得太重。以分数为核心的评价方式有多种弊端。一方面，它使学生获得成就感的领域缩小，即使有也不重要。像品德、个性、身心健康，这些在人的终身发展中特别重要的因子，在分数面前统统变得微不足道了。另一方面，它使得获得成就感的学生人数大大减少，因为就算每个人都付出了十分的努力，成绩顶尖的个体往往是少数，总会有大部分人的成绩排在中等或中下水平，这样的评价方式对大多数学生而言只能带来失败感，强化不了学习行为，学生一提到学习就没劲，想回避，积极性必然下降。就像案例中的小王，她助人为乐，有着良好的品德，一个这么优秀的孩子只是因为考试分数不高而感到人生无望和自卑。

学习时间过长，负担过重。当前各种形式的补习和强化训练使得学生学习时间过长，身体长时间处于疲劳或半疲劳的状态。有研究针对近十年我国中小学生心理健康问题进行了分析，睡眠问题检出率最高。此外，当前的学习负担过重，学生除了认知上的需求，还有大量其他的需求，如社交、发展体能、发挥各种特长等，这些需求得不到满足，学生就难以真正认同学习。如同案例中的小王，觉得自己像一台学习机器，找不到学习的动力。

应对之道

如何找到学习的内在价值？建议如下：

树立正确的学习观。当你产生“我到底是为什么而学”的疑问时，请坚定地告诉自己：过程比结果更重要。学习过程中培养出来的批判思维等高阶能力才是更重要的。人有无限的可能，考高分、上名校只是其中一种，不是人生的固定程序。同样，老师和家长应该认识到教育的作用是修养德性，提升智慧。至于每个个体运用自身的智慧和能力从事什么活动，是个体自身的价值表现，绝不能混同于教育的基本作用。学习不只是升学就业，更在于提升品德和智慧，做更好的自己。

动心比动脑更重要。动心，即发自内心地去关注自己当下的体验和情绪，学会从多方面获得成就感，而不是只拘泥于考试成绩。根据人本主义学习理论，人类在某一特定时刻会体验到情绪的高峰，即感到最大程度的喜悦、幸福和完美。在这个时刻，人们能够最大限度地发挥自己的潜力。此时，他们能够感受到对事物本质和生活奥秘的洞察，仿佛知识的幕布突然被拉开，揭示了隐藏其中的一切。长期以来，教育实践一再表明，如果在漫长的学习过程中，学生只是动脑思考，而没有激发他们的情感共鸣——也就是说，他们无法对学习感兴趣，无法欣赏学习的美妙之处，无法体验到提高认知所带来的快乐，也无法在学习中获得精神上的满足——那么即使学习目标再远大，也无法让他们坚持长时间地学习，更不可能使学习成为生活的必要需求，从而养成终身学习的习惯。所以在平时学习中，如果有一个知识点让自己喜欢、好奇、心动，就花点时间停留在此，去操作，去查资料，等。尽管可能会“耽误”一些做作业的时间，但这才是更有意义的学习。

心理小贴士

反内卷，要找到自己的价值和兴趣

“内卷”是近几年流行的一个词语，原指某种社会模式达到最终形态以后，既不能进一步更新，也没有办法稳定，因此只能不断地使内部变得更复杂的现象。现在多用来指代学习和工作领域出现的非理性的内部竞争。打个比方，当观看电影时，位于最前排的观众决定站起来观看，为了不被挡住视线，后排的观众也只能纷纷站起来观看电影。随着一排又一排的观众站起来，最终导致所有观众被迫站立观影，这种现象就是内卷。学习中的内卷就是外部动机驱动的典型表现。外部动机也称功利化动机，指的是学生学习的动力来自学习以外的因素，对学习的强化不包含在学习过程之中，如单纯只是为了父母的期望、为了上大学、为了赚大钱而学。内部动机则是一种不指望外界“回报”，求知本身就是目的的学习动机，如出于对某方面知识感兴趣，想解答学习中遇到的疑惑，想提升品德，增长智慧，等等。想要反“内卷”，最关键的是要找到自己的兴趣所在，激发学习的内部动机。

07

如何停止拖延，让学习更高效？

案例导入

放暑假了，老师布置了很多作业，小周一直没做。一方面他觉得平时在学校上课那么辛苦，好不容易放假了，自己应该好好玩几天，老师布置的暑假作业，自己根本就不想写。另一方面这么多作业一时半会也做不完，敷衍了事不是他的风格，他觉得既然要做，那就要做到最好，不然开学了老师改作业的时候肯定会批评他。

刚开始放假的时候，他觉得反正离开学还有两个月的时间，不着急，但后面的每一天都有各种各样的事情阻碍他学习，比如上午头有点疼，想先休息；下午好朋友喊他打游戏，他不好推辞；好不容易坐在书桌前了，他又想玩会手机，总是静不下心来……就这样，日子一天天过去，离开学只有一个礼拜了，他的暑假作业才做了几页，小周感到非常焦虑和后悔，陷入了深深的自责中。

心理解读

小周的问题属于典型的学习拖延。此现象在中学生中占有一定比例，其中被动拖延的比较多，即主观上并不想这样做。学习拖延产生的原因有以下几点：

害怕失败、追求完美等。严谨性不足的人，做事三心二意，易拖延。害怕失败的人，通过拖延甚至不做事来避免失败；行为冲动的人，更容易拖延；追求完美的人往往因为对自身的要求过高或不切实际，认为任务如果没有做到完美，那就等同于失败，这类人总是担心犯错，希望想出一个完美的计划后再行动，因此总是拖延。就像案例中的小周，他想把所有事情都做得完美，但又害怕作业做得不好被老师批评。

对要做的事不感兴趣或做好它的动机不强。人不可能拖延所有的任务，只是在某些任务上比其他任务更拖延。自我控制理论与动机期望价值理论把学习拖延视为一种动机强度下的选择，个体在每个备选活动上都具备一定的动机。在学校，学习的动机强度一般会小于其他备选活动的动机强度，如上网、社交。如果一个学生缺乏学习动机，就会对学习表现出拖延。总的来说，学生对一项任务越不喜欢、越不感兴趣，焦虑越多，拖延就越严重。反之如果学生对某个任务感兴趣，就会积极主动地去完成它。此外，个体对自己认为更有价值、更重要的任务不太容易拖延。就像案例中的小周，他觉得暑假作业都是老师强加的，他根本就不感兴趣，因此他迟迟不愿动笔；而朋友的邀约对他来讲很重要，所以好朋友一喊他就立马去玩了。

任务太难或要花很长时间。时间跨度越大的任务越容易导致拖延，因为个体更倾向于即时获取数额较小的奖励，而不是时间距离长、数额较大的奖励。在自我调节理论中，存在一种趋向，即学生倾向于严重低估学习任务的价值。这是因为他们高估了短期享乐目标的价值，而低估了长远目标的价值，从而导致了对学习任务的拖延行为。随着时间的推移，学习任务逐渐变得紧迫，这时其主观重要性才逐渐超过其他备选的享乐项目，学生才开始进行学习，不过往往为时已晚。就像案例中的小周，虽然也觉得学习任务很重要，但是距离开学还有两个月，一时半会也做不完；朋友邀请打游戏，这件事情虽然客观上不重要，却会在短期内提供即时奖励，玩一把游戏也就十几分钟，所以他就被这种短期内的诱惑分散了注意力。此外，学习任务的难度越大，越容易出现拖延，因为这时个体感到自己难以完成或者大概率会失败，索性就不做了。

应对之道

针对学习拖延，提出以下建议：

用心用情地学习。与其把学习当成是父母或者老师强加在自己身上的任务，不如把它视为提升自身的机会。具体来说，对于老师布置的作业，用心地去完成，去发现学习奇妙的地方，能在生活中应用的地方。比如，老师布置了写作文的作业，就应先观察生活，再有感而发，不能闭门造车，像挤牙膏一样写作文。又如学习了物理、化学知识后，可以在生活中去验证所学知识。“学而时习之，不亦乐乎。”学习相关知识，在适当的时候运用它，是件很愉快的事。

组成学习小组。找一些志同道合的同学组成学习任务管理小组，彼此相互支持。在小组中你们可以互相监督，见证彼此的进步，利用团体的力量帮助自己有效地执行学习计划。独自学习可能会容易松懈，但在学习小组中就不一样了，大家相互鼓励，能促进你作出改变，减少拖延。

主动排除外界诱惑的干扰。学习的场地尽量选择在安静的图书馆或自习室，学习时关闭手机和其他电子设备等，让自己在学习时不受无关因素的影响。

细化和简化学习任务。

1.将长期目标划分成多个短期目标，比如把一个学期的目标设置成每周的学习目标。

2.将模糊的目标制订成具体的、易于实施的具体目标，比如每天完成多少道习题，错题减少到几个。

3.每完成一个小任务后，可以给自己一个小奖励，比如去吃点美食，做一件自己喜欢的事，以强化学习意识。

心理小贴士

找到恰当的目标有利于减少拖延

拖延是指个体明知道这一行为会带来不良后果，却故意推迟或回避实现目标的行为。关于拖延有一首很有名的诗——《明日歌》，是明代状元钱福所作。钱福自幼聪明，7岁能写文章，后来中了状元，官至翰林院修撰。不过他很快厌倦了官场生活，称病辞官，一生过得非常洒脱。钱福虽然才华横溢，辞官后也没有沉湎于放纵或懒散的生活，而是更加努力学习。《明日歌》成为他进一步激励自己的手段。在这首诗中，词语“明日”出现了7次，通过不断重申来督促人们珍惜时间，不要虚度光阴，不要将今天可以完成的事情推迟到明天。因为人的一生，有很多东西能失而复得，只有时间是一去不复返的，如果有了目标，那就一定要牢牢地抓住稍纵即逝的时间，尽快去完成它。

即使每天学习，仍感觉空虚无聊是哪般？

案例导入

小吴今年读初中一年级，她最近感觉学习很无聊，每天机械地做题、考试，日复一日。在她看来，所学的知识对生活一点意义都没有。像数学，谁平时买东西算价格会用到勾股定理？像英语，自己又不打算出国，学了也没什么用。她经常觉得空虚无聊，不知道自己要做什么，上课的时候老爱看着窗外的天空走神，做作业也是敷衍了事，周末只要一有机会拿到手机，可以刷好几个小时的短视频。刷短视频的时候她觉得很快乐，但一放下手机，无聊感又会涌上心头。父母对她要求很严格，老是替她做一些她不喜欢的决定。比如，小吴根本不喜欢钢琴，父母还是给她报了钢琴班，每周她都要象征性地去3次。她觉得自己就像汪洋中的一片叶子，不知道未来要做什么，有种飘到哪里算哪里的想法。

心理解读

无聊是一种复合的情绪状态，是个人面对贫瘠的、缺乏刺激的情境时产生的冷漠、抑郁、无助等一系列不愉快情绪。简单来说，就是个体觉得生活无意义而产生的负性情绪体验。小吴在学习的情境中感受到的无聊属于状态无聊，它具有很强的动机功能，即体验到无聊的个体会主动改变当前环境来缓解或摆脱无聊，通常会引发两类行为：一类行为旨在通过寻求挑战、刺激、趣味或参与度来降低情境的无聊感。像案例中的小吴，她可以刷好几个小时的短视频，沉溺于短视频带来的感官刺激和满足。另一类行为倾向于参与到那些可以提供意义感的活动中去，以降低无聊感，如做义工帮助别人。研究表明，青少年所感受到的“无聊”状态实际上是一种反抗心理，他们借助表达“无聊”“没劲”等情绪来对抗成人世界对他们的社会控制。像案例中的小吴，因为父母强行给她报了她不喜欢的钢琴班，她通过各种方式对父母进行抗议。

无聊产生的原因主要有两个：一是外部因素，包括周围环境中的新异刺激、任务的难易程度以及任务性质。研究发现，外部环境中重复性的简单工作和生活会让人产生无聊感，例如小吴就觉得自己每天机械地做题、考试，日复一日。二是内部因素，包括个体情绪调节能力和控制能力、内在动机以及价值观等。有研究认为，当个体内部动机无法得到满足或者自身能力无法实现时，他们将体会到更多的无聊、自我厌恶和茫然无助。就像案例中小吴，认为在学校学的知识对自己没有意义，但自己觉得有意义的社交能力学校又不教，因此产生了强烈的无聊感。

应对之道

克服无聊感，建议做以下尝试：

让学习任务新异好玩，让学习难度“正好合适”。增加学习任务的新异程度是为了刺激个体的兴奋感和新鲜感；调整任务的难易程度，让学生始终处于“跳一跳，才能摘到桃子”的状态（具体原理可见本节“心理小贴士”），可以满足个体的掌控感。例如在学习时充分利用图片或事例的形式，教师在布置作业时要难易兼有，整体有一定的挑战性。

明白学习任务的好处，增强学习与生活的融合。针对那些刺激度较低的任务，我们可以通过强调它们的意义和目标来增强个体的感知，从而减少无聊感。此外，还可以通过提高个体的参与度来缓解无聊感。举例来说，教师可以将知识与学生的日常生活相融合，以增加学生的兴趣和参与度；还可以采取让学生轮流授课的形式，把被动聆听转为学生主动探索，提升学生的参与度。

减少外部对学生学习过程的过度控制，增强学生自主性。教师和家长应当高度重视青少年的需求和情感，并鼓励他们自主规划生活。鉴于无聊感一定程度上反映了青少年对成年人的反抗，教师和家长不应过度控制和安排他们的时间。应该从青少年的角度出发，倾听他们的声音，重视他们的需求，了解他们的情感状态，以便真正地帮助他们摆脱无聊感。

找到学习意义，为社会责任而学习。王阳明12岁时，郑重地请教私塾先生：“何为第一等事（什么是第一重要的事）？”先生曰：“读书登第（读书考取功名）。”少年阳明却语出惊人：“恐未是，当读书做圣人耳（恐怕不是，应当是读书以成为圣人啊）！”这振聋发聩的一问一答，愧煞多少读书人！

心理小贴士

任务太难导致无聊怎么办?

学生的发展可分为两个维度：一是学生的现有水平，即学生可以独立解决问题的能力水平；二是学生的潜在发展水平，即通过教学可以引发的学生潜力。这两个维度之间存在着一个区域，称之为最近发展区。如果将最近发展区类比为桃子，我们需要明确：不要采摘手边容易摘取的桃子，因为这样做并不具有挑战性；同样，也不要采摘跳起来也无法摘取的桃子，因为这样做太过困难；我们应该采摘那些通过努力，可以一跃而得的桃子，因为这样做可以最有效地获得成就感，减少无聊感。

很努力了，但学习成绩难以提高怎么办？

案例导入

小林这一次月考的成绩退步了，他的挫败感很强烈，自己很努力，但成绩却总是难以提高。老师说他目前最大的问题是不会自己思考问题，不愿提出问题去钻研、解决。但他也不明白，自己都是按照老师在课堂上的要求去背的，为什么效果这么差呢？小林很茫然，学校的教学工作抓得很严，但小林平时面对知识点比较多的科目，还是感觉无从下手，不知道该如何学习。小林的父母对他的学习也抓得很紧，妈妈下班回家后第一件事就是搬张凳子坐在他旁边当“监工”，督促他学习，有时候他觉得自己虽然眼睛盯着书，但注意力根本就没法集中，妈妈的这种监督方式让他感觉很窒息，现在他只要一坐下来学习就想上厕所。这次考试成绩出来之后，他更没劲学习了，课堂上常常坐着发呆，也不知道在想什么。

心理解读

小林这种在学习上没有劲的状态，有可能属于学习倦怠。学习倦怠指的是由于学生和学习情境的长期分离，导致了学生身心资源衰竭、学习效率降低和负性的自我评价。学习倦怠的形成原因比较复杂，可能是个人原因，如没有掌握正确的学习方法或者对所学内容不感兴趣；也有可能是外部原因，如外界压力或学业负担过重等。现就小林的情况，具体分析其中的原因：

没有掌握正确的学习方法。个体尚未掌握正确的学习方法，包括学习时间管理、记忆方法、答题技巧和错误总结等。案例中的小林，总是依赖老师在课堂上指明要记的内容以及所给出的答案，然后自己再按照这些内容和答案去死记硬背，表面上忙忙碌碌，实际上学习效率并不高。当学生感觉到无法从学习中获得更大进步，自己付出的努力没有效果或收效甚微时，就会产生较强的自卑感和负性情绪。不正确的学习方法与低自我效能感混合在一起，就会造成恶性循环，大大降低学生的学习积极性。

父母干涉和控制过多。已有大量研究表明，父母的教育方式对青少年的学习心态有重要的影响。一些家长不顾孩子自身的能力和兴趣，把自己的意愿强加在孩子身上，过多干涉和控制孩子的学习活动，导致孩子的学习过程时常伴随着不愉快体验，且学习的自主性弱。案例中小林的母亲，在他学习的时候就坐在旁边当“监工”，导致小林一学习就习惯性地上厕所，通过这种方式躲避母亲的监控，学习自然也是表面应付式的“假学习”。还有一些家长因为溺爱，不去对孩子的不良行为进行正确引导，而是放任，使孩子沉溺其中，丧失了自制力和正确的学习方向，最后变得一提到学习就感到浑身乏力，提不起精神，这种教育方法也不可取。

教师上课内容枯燥乏味。学生学业倦怠和教师素质有着直接关系，有些教师上课内容枯燥、乏味、缺乏实际事例等都是导致学生学习倦怠的原因。这种倦怠还会形成恶性循环：学生的学习倦怠会打击教师教学的积极性，教师容易产生职业倦怠，影响其上课质量，上课质量不高，又会加重学生的学习倦怠感。

学校教学时间安排过长。为了提高升学率，少数学校常常延长上课时间、缩短假期、大搞“题海战术”，以便学生有充足的时间和题量储备应对考试，但这种安排是严重违背了教育原理和学生身心发展特点的。这种随着学习战线拖长、难度增加从而导致学生学习效果不佳，甚至成绩下降的现象被称为“高原现象”。“高原现象”会使学生缺乏自信和兴趣，并对学习产生厌倦和焦虑。

应对之道

应对学习倦怠，建议做以下尝试：

坦然接受问题解决的酝酿期。坦然接受当前状态。心理学中存在一个“酝酿效应”，它是指当人们遭遇无法解决的难题时，暂时将其搁置，转而去完成其他无关任务，反而有利于原有问题解决的现象。你当前的努力学习没见成效，说明你正处于问题解决的酝酿期，只要掌握了正确的学习方法，后面自然会迎来豁然开朗的时刻，因此不要太过灰心和绝望。

尝试不同的学习方法。每个学生在每个年龄阶段都有不同的身心发展特点，如小学时期的思维较为具体，初中时期则逐渐向抽象思维转变，因此不可能存在一种学习方法适合个体的所有阶段。如果你感觉到目前的学习没有成效，不妨结合课程特点和自身状态改变一下学习方法。比如：遇到学习内容数量多、难度大时，可以在专项的学习过程中插入休息或其他活动，即分散学习；当学习内容较为简单时，一鼓作气地集中学习，效果可能更好。总而言之，多多尝试不同的学习方法，一定能总结出最适合自己的方法。

适当放松，充分休息。放松和睡眠对我们在疲劳时恢复精力和体力有着十分重要的作用，比如遇到一道难解的数学题，你可以暂时把它放到一边，去散个步，虽然表面看起来你没有在解决这个问题，但你的无意识层面却还在为解决这个数学题工作，适当的放松反而可以促进“酝酿效应”。睡眠也是一样的，有研究发现，与不睡觉的被试者相比，经过了一晚睡眠的被试者更有可能洞察到数字的隐藏规律。这表明在睡眠期间，人脑记忆的再加工重构促进了知识的获得。因此，学习阶段要保证晚间充分的睡眠，熬夜突击是不可取的。

善于向专业人士求助。可以将老师、同学和周围的环境视为自己克服学习困难的资源加以利用，例如在适当的时候向他人求教，学会从图书馆或其他信息来源中查阅信息资料等，博采众长，更能加速进步。

心理小贴士

看重掌握，步步为营

学习目标可以分为两类：成绩目标和掌握目标。成绩目标是把取得好成绩得到高分作为学习的重要甚至唯一目标。如果多次没有得到自己所期待的分数，可能会在学习上产生更强烈的挫败感，以至于产生失望感。掌握目标是把掌握知识、培育能力作为学习的重要目标，在学习过程中在乎对重要的知识和技能的掌握。在学习中没有得到高分，他们就会从这种经历中找到自己还没有掌握的知识和技能，并努力掌握它。他们知道一时的分数变化不代表自己的能力，只代表自己暂时没有掌握相关知识和技能，自己得到经验后立即去改进即可。漏洞少了，成绩上去那是很自然的事。

建议学业倦怠的同学，少关注分数本身而多关注考试中没有掌握的地方，把培养能力、发展自己作为学习的动力，对学习有更为积极的态度、更多的投入，倦怠自然会降低。

10

学习很枯燥，如何激发学习兴趣？

案例导入

上初中以来，小刘觉得学习开始变得越来越枯燥。英语需要每天背单词，语文也要背诵那些晦涩的古文，数理化讲的原理也很抽象，尽管老师上课时讲得很仔细，但他还是不能理解。初中二年级刚接触物理时，这门课就给了他一个下马威，第一次月考物理只考了20多分，这给了小刘一个很大的打击，导致他现在一看到物理就有种本能的排斥心理。他觉得这些理工科的知识离自己的生活很遥远，每当他想从自己过往的学习里找点这方面的经验和灵感时，总是一无所获。他本来以为，初中需要学习的科目增多了，应该会很有趣，但现在，他觉得学得很痛苦，这些知识点学起来味如嚼蜡，让他厌烦。

心理解读

小刘觉得学习的内容很枯燥，很可能受两种因素的影响：第一，人对新知识本能地排斥。人会本能地排斥超出自己原有认知范围的新知识，特别是这些知识非常抽象时；当新知识很具体生动时，反而会表现出好奇。第二，要学习的新知识很有可能与现实生活和个人兴趣脱节。

教育家杜威提出了“体验式学习”的概念，他认为“做”是儿童的天性，教学应该以儿童的真实经验为基础。既然我们的经验总是具体的、现实的，那学习也应该在具体情境中展开，在“做中学”。放在课堂上来说，就是要突出知识的情境性和社会互动性，让知识不再抽象，从而增强学生的学习动机和学习互动。

当前，学校过于注重间接经验和接受学习，一方面让老师负责讲授，学生只负责接收；另一方面讲授的部分知识和原理过于晦涩抽象，这种方式有一个很大的弊端，那就是所学知识与学生的实际生活脱节，从而使学生容易产生枯燥感，失去学习的兴趣。如同案例中小刘一样，学起知识来味如嚼蜡。

应对之道

要想减少学习过程中的枯燥感，我们需要加强学科知识与学生自身的关联，让学生在情境中学，同时要相信学生的潜能。

在实际生活中的应用：

在真实情境中应用。真实情境主要是指现实中的自然情境和社会情境，最好是学生日常可以接触到的，如自然地理环境、人际交往情境等。在这些情境中，学生可以通过观察或者亲身实践获得有关知识的真实体验。例如，通过在商场中观察商品打折的情况，学生可以体验到数学中的“折扣”概念；课堂上，教师利用照进教室的阳光，让学生理解光的折射原理。

在模拟情景中应用。在真实情境难以创造的情况下，通过情景模拟来引发某种体验也是可以的。如学生可以参与模拟重大自然灾害的疏散演习，让自己学习到相应的灾害知识和自救措施。

在观察生活中应用。我们可以通过观看相关的纪录片，直观地学习历史知识；在思想品德教育学习中，我们可以通过寻找榜样人物的感人事迹，感受到高尚行为所带来的感动和荣誉，从而加强道德意识，激发进一步学习和模仿榜样人物的欲望。

学生可以对认知过程本身进行体验。例如，学生可以总结解题思路和方法，可以帮助自己获得关于问题解决策略的体验。

学习兴趣的激发：

抓住和保持。“抓住”和“保持”是个人主动学习的关键。“抓住”是指激起学生对某一活动的注意力和最初兴趣，比如利用谜语、视频、热身游戏等方式，主动参与学习。“保持”是指使学生进一步掌握某个特定目标，比如使用连贯且对学生有切身性的材料（例如，如何减少空气污染的资料），使学生愿意进行长时间的探索和投入。

发现价值和多元方法。学生可以成为积极主动的学习者，当他们认为这个学习活动有价值时，就会自然而然且主动地运用一些调节策略，使学习变得有趣起来。因此要善于发现学习任务对自己的价值，并主动寻找多种解决思路来提高自己对学习任务的兴趣。

心理小贴士

学习需要一定的亲身实践

学习是在一定情境中发生的。孔子曾说过:“不观高崖,何以知颠坠之患?不临深泉,何以知没溺之患?不观巨海,何以知风波之患?”意思就是:不看看高高的山崖,怎么知道从崖顶坠落的祸患?不靠近深渊,怎么知道淹没沉溺的祸患?不看看广阔的大海,怎么知道风起云涌的祸患?它阐明的哲理是:只有亲身实践,才能对事物有深刻的认识,学习亦当如此。

11 常有学习机器的感觉，怎么才能做学习的主人？

案例导入

小C是一名初中二年级的学生，成绩中等。现在是临近期中考试的一个周末。“小C，要期中考试了，你这次怎么说也得冲到前十去，这个要求也不高，只要你努力，肯定能做到的，周末就在家好好复习吧。”小C的爸爸说。就这样，本就只有一点空闲时间的周末，被安排得满满的，看看电视、打打球和朋友聚一聚的想法完全破灭。

周六上午，小C开始了周末的第一堂课——英语课。这是她从小学四年级就开始的课外辅导课。小C的心里话是：学了这么久的英语，我也不知道我的英语水平怎么样，这几年都是在写作业、交作业的过程中度过的，除了上课，其他地方我也用不到英语，甚至感觉难以开口说英语，但是我还是得学。

周六下午，是一堂陶冶情操的钢琴课。小C的心里话是：钢琴我学了好几年，考到了8级，就快要满级了，有一点成就感。我不讨厌弹钢琴，但是一想到被要求这、要求那，必须按时按点地完成，就有种被操纵的感觉，就觉得不

自在。

周六晚上，原来是休息时间，现在被父母盯着坐在书桌前，开始复习考试的内容。小C的心里话是：好累啊，上了一天的课，还不能看一会电视休息一下，为什么要有期中考试啊！

周日上午，开始补习数学，一会还有作文写作指导班。小C爸妈说了，为了考上一个好的高中，要早早地开始准备。小C的心里话是：我小学的时候最喜欢数学了，但不知道为什么，上了初中以后数学变得让我不认识了，补习时也是浑浑噩噩的，你要问我学到了吗，那肯定是学到了，再问学到了什么呢，我却不知道……

周日下午，如果是以前，小C都会跟朋友出去打球或者游泳，不仅强身健体还充满乐趣。但现在不行了，小C的作业还没有做，还需要复习，小C只能老老实实待在家里。

周日晚上，也是在家里学习。小C的心里话是：我就像一个学习机器，根据指令学习，永不停歇。

你有小C这种情况吗？你也觉得自己像一个学习机器吗？

小C为什么这么累，成绩却还是得不到提高？

心理解读

案例中的小C为了学习做了很多的努力，但为什么成绩还在中等水平呢？答案就是，小C的学习是被动学习。她被动地接受老师、家长安排，今天该做什么明天该做什么，但她不知道她做这些有什么用，也不知道自己到底该不该做这些事情，只是一味地被动接受，这就造成了虽然花了很多时间但效果不太好的情况发生。案例中的小C说，虽然英语学了很多年，但不会用，只是机械地上课与完成作业；还有小C虽然上了补习课，但是上完课后却发现不知道自己学到了什么。这些都是被动学习的表现。

那么什么是被动学习呢？

被动学习是个体本身不想学习，但来自外在因素（比如父母）的压力迫使个体不得不去学习。个体本身没有真正体验到学习的乐趣，也没有从学习中获取知识，从而导致学习成为一种负担、一种包袱。

那么如何摆脱这种状态呢？那就是要主动学习，也就是自主学习。

何为主动学习？主动学习是指个体的内心想学习、爱学习，通过学习去掌握知识，而不是靠他人在旁边督促完成学习。当一个人渴望获取知识，对学习产生浓厚的兴趣时，才能集中注意力，从而得到好的效果。在学习中，我们还要总结、交流，复盘其中的重要内容，哪些是我们之前学过的，哪些是我们没有接触的，需要提升我们的认知，甚至要把知识用于实践中。

有研究表明，学习自主性与学习成绩之间有很大的相关性，学习自主性越高，学习成绩越好。如果我们一直处于被动学习的状态，就像小C一样，虽然付出了很多时间和精力，把自己搞得精疲力尽，但最后的结果也不是自己想要的，学习成绩始终难以提高。学习成绩好的学生，并不是因为他有多聪明，而是他的学习自主性强，他能产生学习的自主动机，是自己想要学习，而不是被父母或是其他人逼着学，这两者存在的差异巨大。

研究还发现，青少年如果有以下几种人格特质，智商的发展就会得到很大的促进作用：有很强的自觉性，不需要老师督促；喜欢动脑筋解决问题；在情绪上较少依赖父母；经常自己发起活动；在取得一定成绩时会满足，而不需要别人的夸奖称赞。仔细看这些特质会发现，每一种特质里都有着自主性的影子。由此可见，学习自主性在很大程度上对学习成绩产生良好的影响。

学生的学习自主性还有利于学生其他方面的身心发展。例如，当学生能够自主地反省学习或生活中存在的问题，并且茅塞顿开时，其带来的喜悦之情不言而喻，且会继续激励他进行这样的活动；当学生能够自己选择学习任务并且实施，结果良好时，那么他会产生良好的促进动机来推动他继续学习，继续超越；当学生能够自主地扩大他的交往范围，主动协调交往关系，学会更多的处世之道，并收获友谊时，他们又会产生动机继续前进。由此可见，不仅是学习自主性，只要拥有自主性，自主性就可以成为推动我们前行发展的动力。

所以我们应该对被动式学习说再见，对自己的学习行为负责，把握自己的学习进度，在学习过程中主动地学习，迎接自主性学习。

应对之道

学会自主性学习。自主性学习主要包含四个内容：

有自己个性化的学习目标。作为学生，可以根据教学大纲以及老师提出的要求，制订出一份比较详尽的学习计划。学习目标并不只是说“期末考试我要考第一”，也不能是不根据实际情况设定的目标。学习目标既要有长期目标，以学期或是月为单位，也要有短期目标，以周或天为单位；最重要的是不要好高骛远，要根据自己的实际情况设定，不要定一个不可能完成的目标。比如，学习成绩好的同学可以把“克难”作为目标，而学习成绩一般的同学就应把“打基础”作为目标。为了达到这个目标，学生要随时检测并调整计划以确保目标能够如期实现。

自己定义学习内容。在确立目标之后，学生要对自己需要学习的内容有一个大概的印象。虽然我们大部分的知识来源是老师的课堂教学，但我们也不能只有这一个学习渠道，我们需要学会独自探索知识的技能。以“克难”为目标的同学就应当学一些新的内容。在了解大致学习内容的情况下，我们可以通过各种渠道，利用现有条件，结合课外材料和自己的兴趣汲取知识。

选择并运用适合自己的学习方法。所选择的学习方法如果不适用于学习者，那么结果将会不尽如人意。我们应该根据以往的经验以及客观条件来选择最适合自己的学习方法，毕竟自己最了解自己。合适的学习方法需要我们不断地进行摸索和总结。学有余力的同学，可以尝试用多种方法来解决一个问题，而学习吃力的同学要先熟练一两个方法。另外，搜索资料是自主学习的基础能力，每位同学都必须掌握。

监控过程，评价结果。我们要做到能够随时监控自己的学习过程，能够了解、掌握自己的学习进度及学习情况；要经常反思我们制订的学习计划，并根据自己的情况找出存在的问题，进行有意识的调整。

心理小贴士

如何理解学习动机

根据学习动机的动力来源可将学习动机分为外部动机和内部动机两种。外部动机指个体由外部诱因所引起的动机，对学习有一定的促进作用，但缺乏持续性，诸如“奖赏”“荣誉”“报酬”；内部动机是学生力求认识未知，渴望获得知识和发展智力而带有情绪色彩的一种心理体验或意向活动，它是诸种学习动机中最直接、最活跃、最稳定的。满足内部动机的奖励是知识的实际获得，它可以使学生保持永不衰竭的求知欲望，是学习的真正动力，如“知之者不如好之者，好之者不如乐之者”。小C被父母逼着学习，依赖外部动机，不是自己主动想去获得有关知识和经验，因此无论她怎么努力成绩依然处于中等水平。

12

每天学习很紧张，可以不进行体育锻炼吗？

案例导入

阿杰上小学时一直努力学习，成绩处于中上水平。他平常喜欢踢足球、跑步等体育运动，是一个阳光、健康的男孩。

但上了初中之后，阿杰的母亲发现阿杰不是那么爱笑了，话也少了，经常把自己关在屋子里学习。母亲让阿杰出去玩，阿杰却说："不行呀，今天的功课还没学完，班上的同学都好厉害，我要努力赶上他们才行。"说完，他又进入自己的房间继续学习。阿杰的父母都很欣慰，觉得阿杰努力学习，积极向上，非常好。

一个月之后，阿杰的脸色没有以前好了，饭量也小了，但还不太影响正常生活。阿杰的父母也只是默默心疼他，没有说什么，毕竟阿杰是在努力学习。半个学期过去了，阿杰的成绩没有明显的进步，与之伴随的还有阿杰生病的次数变多了，稍微一受凉就会感冒发烧，人也变懒了，去哪都不想动，跑步等运动就更别提了，阿杰的身体慢慢地变差了。

心理解读

案例中的阿杰，在小学的时候是一个阳光、健康的男孩，初中之后为什么会变成这样？很大原因是他挪用了本该用来体育锻炼的时间去学习，最后身体变差了，成绩也没有提高。由此可见，体育锻炼对我们来说是非常重要的。学习成绩好的前提是我们要拥有一个健康的好身体。

学习仍是目前中学生最主要的任务，需要花大量的时间。很多老师和家长，甚至是学生自己都认为体育锻炼的时间是可以舍弃的。因为如果参加体育锻炼，用来学习的时间就会相应减少，进而影响学生的学习成绩。一不小心就把体育锻炼放在了学习成绩的对立面，同学间好像存在一种很“合常理”的说法：要想提高学习成绩，就必须牺牲体育锻炼时间。

众多研究和随机对照试验表明，适当体育锻炼有助于提高我们的学习能力和学习成绩。

应对之道

体育锻炼对初中生非常有意义。如果一周不到三次，建议做如下调整：

与父母正确沟通。作为中学生，在学校的时间并不是我们能掌控的，相信学校和老师对我们的安排都是对我们有益的。我们能掌控的是放学之后不在学校的时间。那么想要做到掌控时间，首先要做到和父母有效沟通。在学校学习了一天，想要运动一下呼吸一下新鲜空气，这当然是可以的。如何做到和父母有效沟通呢？以踢球为例，首先要明确父母一般会有什么样的担心，或者说对于你踢球这件事会提出什么问题。比如，“你作业做完了吗？”“你怎么天天就想着出去玩？”等等。在明确问题之后，你可以这么说："妈妈，我今天在学校学习了一天，觉得有点闷，现在放学了想要出去踢踢球、透透气，作业虽然还没做完，但我回来之后会立马去做的。"

"我今天在学校学习了一天，觉得有点闷"——表达你的感受。

"现在放学了想要出去踢踢球、透透气"——表达你的需求。

"作业虽然还没做完，但我回来之后会立马去做的"——表达你对父母担心的问题的处理。

按上述例子，你需要表达出你的需求和这个需求的合理性，以及向父母解释不会耽误学习，那大概率就成功了。当然你要做到一言既出，驷马难追，如果说到不做到的话，那就不需要做尝试了。

合理安排体育锻炼。体育锻炼很重要，但如果一天的时间都拿来体育锻炼，又本末倒置了。大多数同学也不是学习体育专项的，体育锻炼是为了帮助我们能更好地学习，适当的体育锻炼对我们的学习是有益的，如果过度锻炼，也会对我们的身体造成不好的影响。青少年进行体育锻炼的主要目的是提高身体素质。只有科学使用体育器材和方法，合理组织体育锻炼的内容和强度，合理与营养有机结合，才能达到体育锻炼的预期效果。

青少年的体育锻炼应该包含准备活动（热身）、伸展运动（防止拉伤）、主要运动（打球、跳操、踢球等）、放松运动（恢复平静）4个阶段。前两者时间不宜过长，15～20分钟即可，主要运动一次在0.5～1小时为宜。

心理小贴士

体育锻炼时的注意事项

我们在进行体育锻炼时应该注意的事项：

1.下午4~7点是体育锻炼较为合适的时段，不要太晚。

2.每天应该坚持1个小时的运动，但是睡觉前1个小时最好不要进行强度较大的运动。

3.适合青少年锻炼的体育运动有跑步、攀爬、跳跃、武术、游泳、爬山、篮球、羽毛球和乒乓球等。

4.在锻炼时一定要关注自己的身体状况，不要逞强，必要时寻求成人的帮助。

13

存在偏科现象，还有自信的理由吗？

案例导入

小康是一个很聪明的孩子，在学校经常受到数学老师的表扬，说小康一点就通，他还经常参加各种数学竞赛，并且获得名次。但是，小康的英语成绩就不太好，如果说小康的数学成绩优秀，那他的英语成绩就只能说是平平无奇，甚至有点差。几次考试下来，小康发现这是不行的，虽然数学每次都能考出不错的分数，但由于其他科目的原因，小康的总分排名始终徘徊在中等水平。小康的父母也很苦恼，不知道该怎么办才能帮助小康。

心理解读

在现实生活中，大多数初中学生都会存在像小康这样的偏科现象，偏数学这类逻辑性很强的学科或是偏语文和英语这类语言学科，但也不用太过焦虑，偏科属于正常现象，是个体差异化的正常表现，各门科目都非常优秀的人是很少的。

多元智能理论是由著名心理学家霍华德·加德纳提出的。经过严苛的选择，加德纳确定了构成多元智能理论基本结构的8种智能，具体如下：

1. 言语–语言智能，指的是一个人的听、说、读、写能力。这种智能较强的人，以后更适合从事记者、编辑、作家、演说家等方面的工作。

2. 音乐–节奏智能，指个人感知、识别、记忆、转换和表达音乐的能力。这种智能较强的人，以后更适合从事作曲家、指挥家、歌唱家、表演者、乐器制造商和调音师等方面的工作。

3. 逻辑–数学智能，指的是一个人进行计算和推理的能力。这种智能较强的人，以后更适合从事侦探、律师、工程师、科学家和数学家等方面的工作。

4. 视觉–空间智能，指的是个人对物体空间关系的感知、识别、记忆和转换的能力，进而表达思想和情感。这种智能较强的人，以后更适合从事艺术家、雕塑家、建筑师、导航员、博物馆研究员等方面的工作。

5. 身体–动作智能，指的是人们使用四肢和身体的能力。这种智能较强的人，以后更适合从事运动员、舞蹈家、外科医生、赛车手等方面的工作。

6. 自知–自省智能，指的是人们感受、观察和反思自己的能力。这种智能较强的人，以后更适合从事哲学家、小说家、咨询师等方面的工作。

7. 人际–交流智能，指的是一个人与他人沟通和互动的能力。这种智能较强的人，以后更适合从事教师、律师、销售人员、广告商、主持人等方面的工作。

8. 自然–感知智能，指的是一个人理解和适应世界，并认识到自然界的差异的能力。这种智能较强的人，以后更适合从事捕鱼、农耕、园艺师等方面的工作。

应对之道

在面对非优势学科时，我们应该明白以下几点：

每个人的智力都有自己的特点和独特的表达方式。所谓的偏科就是个人独特性的表现。案例中的小康，他的逻辑–数学智能可能就比较好，言语–语言智能可能就相对落后，这并不代表他这个人学习不好或是学习不努力。上述的八种智能没有哪个比哪个更重要，它们处于同样重要的地位。拥有某种智能优势的人会在相应的领域发光发热。同理，我们不能说谁最聪明谁不聪明。案例中的小康不聪明吗？不，他很聪明，数学学得很好。每个人都是很聪明的人，每个人都以不同的方式和不同的智能表现来充分利用自己的智慧。

成绩并不代表一切，对实际问题的解决能力必不可少。虽然学业成绩比较重要，但我们也要清楚地认识到，学业成绩并不是全部。学校教育培养的重点大部分是言语–语言智能和逻辑–数学智能，但其他智能的培养在现实生活中也不可或缺。

每个学生都是独特的个体，有属于自己的特点。不管是智能还是别的方面。在学习方式和学习方法上，每个学生都不尽相同。因此，所谓的“差生”是不存在的。成绩上的不同，只是由于个体之间存在差异性。换句话说，每个学生都有相对优势的智能领域，比如案例中的小康在数学方面就很有天赋。

偏科是正常现象。偏科现象的存在其实能够帮助我们更好地认识自己，能够尽早察觉到自己的优势智能领域，以此来有目标、有规划、更高效地学习。

做到学习迁移。学习迁移是指将主导智能领域的素质转移到较弱的智能领域，这样个体就可以将较弱的智能领域发展到全部潜力所能发展到的地步，也就是在学习上的“举一反三”的能力。以小康为例，他的优势智能领域是数学，弱势智能领域是英语，他在学习数学上有较为持久且不易转移的注意力、坚持不懈的毅力、积极主动的思维能力、刻苦钻研的精神和克服困难的勇气等。如果能将优势智能领域的特点迁移到弱势智能领域中，个体就能在一定程度上做到均衡发展。

心理小贴士

找到自己智能的最佳点

瓦拉赫效应是指每个人的智能发展都是不均衡的，都有优势和弱点。人们一旦找到自己智能的最佳点，使智能潜力得到充分的发挥，便可取得惊人的成绩。奥托·瓦拉赫是诺贝尔化学奖获得者，但他在读书时曾被文学和艺术老师认为没有潜力，只有化学老师认为他具备做好化学实验的品格，建议他试学化学，最终他成为化学界的巨人。

我们不要因为某方面不强就开始自我否定，一方面有缺点完全不影响人生的发展与幸福。“天生我材必有用”，我们要善于发掘自己的优点和长处，充分发挥自身潜力，创造属于自己的价值。

第二篇
学会相处

14

面对校园欺凌，如何坚定地说“不”？

案例导入

阿豪是一名初中生，性格有点内向，平常不太爱说话，但总是有一些人在他的身边，这些人并不是想和他做朋友，而是欺负他。

场景1：阿伟是阿豪的同学，在数学课上，老师让阿伟起来回答问题，阿伟支支吾吾回答不出问题，被老师说了几句，觉得很没面子。课间休息的时候，阿伟看见阿豪还在看书，心里就来气，莫名地看不顺眼，走过去拍了一下阿豪的头。阿豪突然被拍头，瞪了阿伟一眼，于是阿伟就打了阿豪几拳……

场景2：快放学时，阿豪听见砰的一声，有人把一叠本子砸在他的桌上，抬头一看原来是阿伟，阿豪问他想干什么，只听阿伟说：“你帮我把今天的作业写了吧。”

心理解读

阿豪遭受的是校园欺凌。校园欺凌是一种明显的严重突破人际边界的侵犯行为。校园欺凌指在学校和与学校教育有关的场所，学生之间，一方单次或者多次蓄意、恶意通过肢体、语言及网络等手段实施欺负、侮辱，造成另一方身体伤害、财产损失或精神损害的事件。例如侮辱、排挤、骚扰、贬低、戏弄、叫外号、散播谣言、目光恐吓、拿走别人的东西等行为。要点在于“故意”和“以强压弱”。

校园欺凌的主要形式有：造谣他人；碰撞、踢、打、推他人；孤立、漠视、忽视他人；使他人产生恐惧受伤的心理；以低劣的、伤人的方式取笑、戏弄他人；向他人发送骚扰短信或邮件；在网上或社交网络中言语恶劣；以众欺寡；等等。

案例中阿豪受到的就是校园欺凌。在场景1中，阿伟对阿豪出手，并不是因为他们之间发生了冲突，阿豪什么也没干，纯粹是阿伟单方面欺负阿豪，阿伟属于强势方，阿豪属于弱势方。在场景2中，阿伟强迫阿豪帮他写作业，是控制他人的表现。本案例中的校园欺凌属于身体欺凌。

校园欺凌会严重影响中学生的身心健康，比如会出现焦虑、失眠、情绪低落等情况，进而影响学习状态，导致学生学习成绩下降，更甚者可能会逃学、抑郁、自残、自杀。

对于校园欺凌的预防，学生、家长、老师一定要深刻地认识到以下几点：

1.校园欺凌并不是一件小事，它不是同学间正常的打闹。校园欺凌不仅会对被欺凌者的身体造成伤害，对其心理上的伤害更大，且这个伤害是难以度量的。

2. 校园欺凌绝不是偶然。校园欺凌绝没有“这只是一次意外”之说，如果不加以制止，不会自然停止。

3. 校园欺凌的相关者不仅是两个人。校园欺凌中有欺凌者、被欺凌者还有旁观者，这是一个很大的群体。欺凌者可能不止一个人，被欺凌者也可能不止一个人，旁观者可能是一群人。

4. 校园欺凌并不是个体能单独解决的，不管是学生、家长还是老师，需要各方通力合作，协同解决。

被欺凌者在面对欺凌行为时，常常选择忍气吞声，采取回避、忍耐、自责的方式。很多被欺凌者遭受欺凌时，觉得告诉家长、朋友起不到效果，或者不知道如何和他们谈起被欺凌的事件，所以选择忍气吞声，一味地逃避、忍耐，甚至自责，有苦往肚里咽。这样做一方面容易导致焦虑和抑郁，还会对以后的生活产生巨大的影响；另一方面还会使欺凌者一而再再而三地实施欺凌行为。

应对之道

身体欺凌行为明显触犯了个人的边界和底线，违反了“边界原则”。建议做到以下几点：

保证自己的安全。自己的安全永远是第一位的，拒绝和寻求帮助都要在保证自己安全的前提下。案例中，阿伟要求阿豪帮他写作业，阿豪首先要保证自己的安全，如果当面拒绝，阿伟可能会伤害他，那阿豪就可以先假意答应或者拖延时间来保证安全，然后去寻求帮助。

拒绝。坚定与温和地向欺凌者说“不”，要表明自己的态度，不要纵容欺凌者，不然有一就有二，有二就有三，永无休止。

寻求帮助。遇到超出个人能力范围的事一定要寻求老师、家长、学校甚至警察的帮助，不要一个人独自承受。

拿起法律武器。校园欺凌涉及的法律有《中华人民共和国未成年人保护法》《中华人民共和国民法典》《中华人民共和国刑法》《中华人民共和国民事诉讼法》《中华人民共和国治安管理处罚法》。未成年实施校园欺凌情节严重的需要承担刑事责任。未成年实施校园欺凌监护人需要承担赔偿责任。

《中华人民共和国民法典》第一千一百八十八条规定：无民事行为能力人、限制民事行为能力人造成他人损害的，由监护人承担侵权责任。监护人尽到监护职责的，可以减轻其侵权责任。有财产的无民事行为能力人、限制民事行为能力人造成他人损害的，从本人财产中支付赔偿费用；不足部分，由监护人赔偿。

《中华人民共和国刑法》第十七条规定：已满十六周岁的人犯罪，应当负刑事责任。已满十四周岁不满十六周岁的人，犯故意杀人、故意伤害致人重伤或者死亡、强奸、抢劫、贩卖毒品、放火、爆炸、投放危险物质罪的，应当负刑事责任。已满十二周岁不满十四周岁的人，犯故意杀人、故意伤害罪，致人死亡或者以特别残忍手段致人重伤造成严重残疾，情节恶劣，经最高人民检察院核准追诉的，应当负刑事责任。对依照前三款规定追究刑事责任的不满十八周岁的人，应当从轻或者减轻处罚。因不满十六周岁不予刑事处罚的，责令其父母或者其他监护人加以管教；在必要的时候，依法进行专门矫治教育。

心理小贴士

不做被孤立的“黑羊”

在现实生活中，“黑羊效应”是指一群好人欺负一个好人，其他好人坐视不理、冷眼旁观的诡谲现象。它是人类在群体中集体性的思维风暴。空穴照样可以来风，无风依旧可以起浪。生活中，我们时常感到来自群体的压抑和充满恶意的窥视，无论你是优秀还是落魄，这种感觉，就像被扔在了孤岛一般的绝望。我们每个人都可能成为黑羊，但我们同样扮演着欺负黑羊的“屠夫”、默默窥视却没有行动的白羊这两个角色，只是有时我们深入角色，毫无察觉罢了。

面对欺凌现象，我们要学会求助，不成为黑羊；学会“拔刀”相助，不成为冷眼的白羊！拒绝入侵他们的边界，不做“屠夫”。

15

生活习惯差异导致室友矛盾，如何合理沟通？

案例导入

小刘和小李小学就认识了，进入初中要住校，她们刚好被分到了同一个宿舍。两人都很开心，觉得有一个认识的同伴真好。但好景不长，由于彼此生活习惯和作息规律的不同，她们产生了些许矛盾。

小刘常常早起读英语，所以她习惯了早睡早起，小李则相反。小李晚上练舞后洗漱时间较迟，还偶尔和家里人打电话，导致晚上入睡时间较迟，也没有关灯。小刘刚开始试图让自己忽略灯光入睡，可是接连几天晚上躺在床上辗转反侧睡不着，担心因晚睡第二天起不来没办法读英语。小刘忍不住地在心里抱怨：“小李不早点睡就算了，就不能考虑一下别人的感受早点关灯吗？烦死了！”小刘越想越烦躁，却不知道如何和小李沟通。愣等着小李关灯上床后一小时才慢慢地入睡。

第二天早上，小刘想到接连几天晚上都没睡好心里不快，对小李气不打一处来，所以在洗漱时，故意时不时发出很大噪声，影响其他正在睡觉的同学。其他人被吵醒后，很不开心，质问小刘为什么洗漱声音这么大。小刘抱歉的同时又感到委屈，明明自己晚上因为小李睡不好，现在却好像都是自己的错。

小刘无奈之下，找到心理老师求助："为什么大家都来怪我？小李经常晚睡又不关灯，对我影响很大，我该如何与她沟通呢？"

心理解读

同一宿舍的同学从五湖四海聚到一起，每个人的经历和家庭环境都不同，导致每个人的生活习惯也不同。饮食、作息、卫生这些与生活息息相关的事情很多都发生在宿舍里。如果宿舍里的每个人更多地只在意自己，而不考虑他人的感受和情绪，那么就很容易在这些事上与室友发生冲突。案例中的小刘和小李本来是好朋友，但却因为小李晚睡不关灯，小刘不知如何提醒她而造成了两人的矛盾。

在宿舍矛盾中学生常用的处理方式一般有三种，具体分析如下：

矛盾处理的常见方式

应对方式	愤怒水平	直接后果
直接爆发	愤怒增加	相互伤害
默默忍受	愤怒基本不变	压抑难受
合理表达	愤怒下降	相互理解

直接爆发。用激烈的情感宣泄方式来表达心中的消极情感，比如歇斯底里、大发雷霆、暴跳如雷等。一时爽了，但是矛盾升级，两人的愤怒水平直线上涨，对彼此都造成了伤害。

默默忍受。克制自己，保持表面上的和谐。虽然彼此愤怒水平没有升高，但是自己压抑难受，长此以往必然造成更大的冲突。负面情绪也是一种能量，当积攒过多时，要么爆发得更厉害，要么憋出“内伤”。

合理表达。通过合理表达的方式去处理常见的人际关系矛盾，表达出内心的感受，愤怒水平下降，结果也是皆大欢喜、相互理解。

前两种应对有些消极，后一种比较好。

应对之道

案例中小刘不满小李晚睡不关灯，采用了默默忍受的方式，等到实在忍不了了，便通过故意时不时发出很大噪声来变相表达负面感受，引起了宿舍其他人的不满，矛盾升级。要解决此问题，可以通过合理表达的方式进行沟通，这里推荐一种合理表达的方法：非暴力沟通。

如案例中小刘可以直接和小李说：“小李，快10点了你还没洗漱，还开着灯呀（观察）。我想睡觉了，灯开着我睡不着，没睡好心里会很烦躁（感受）。我想睡个好觉明天早起背单词（需要），你可以把灯关一下吗（请求）？”

“非暴力沟通”的核心在于将消极情感平静而直接地表达出来，而非回避、转移、压抑、宣泄。同时克制自己对他人的敌意、推测，做到不评价。

非暴力沟通具有以下特征：

接纳自我。接纳自己的感受和需求，比如案例中，小刘需要去接纳自己因为开着灯睡不着的焦躁情绪，表达的前提是接纳。

平静而直接表达感受。如果你直截了当地说出“我很生气”“我觉得很无聊”，这就是在明确表达自己的需求，别人更能接收到你想传达的情绪和感受；相反，如果你拐弯抹角，不直接表达自己的想法，甚至是歪曲、逃避、否认，更会引起对方的误会。

说事实。客观描述对方的行为，比如“看到你晚睡没关灯”“上周末轮到你做大扫除了，但是你没有做”“你最近3天吃的外卖盒子都忘记丢了”，像这样的具体描述没有任何情绪指向，没有敌意，一般不会引起对方的抵触，更能让对方接受你提出的合情合理的意见。

由“提出要求”到“提出希望”。比如“以后可以在晚上11点30之前洗漱吗？”“你对我哪个行为不满，可以直接提出来吗？”像这样跟室友提出要求，既有礼貌也有尊重，对方也更能接受这样温和的表达方式。

心理小贴士

如何做到和而不同

儒家思想强调“仁爱”、“礼让”和“中庸之道”，这些原则在处理宿舍矛盾时非常有用。例如，孔子说：“己所不欲，勿施于人。”这句话告诉我们，在要求室友改变习惯之前，我们应该先反思自己是否愿意接受同样的行为。如果连自己都无法接受，那么就没有理由要求室友改变。

在沟通时，我们可以借鉴儒家的“和而不同”思想，即尊重彼此的差异，寻求共同点，以达到和谐相处的目的。我们可以尝试与室友进行开放而诚恳的对话，表达自己的困扰和需求，同时也倾听对方的想法和感受。通过相互理解和包容，我们可以找到双方都能接受的解决方案。

16

面对他人的不合理请求，如何妥当拒绝？

案例导入

步入初中，有不少同学在和朋友相处的时候，总会遇到一些让自己纠结的事情。

案例一：小方刚来新学校上学没多久，对新环境很不熟悉。学校里的一名学长——小明对他颇为照顾，小方在小明学长的帮助下，很快就融入了新的学习生活中，还交到了不少的朋友。小方对小明学长一直很感激，认为如果没有小明学长的话，他现在估计还是孤零零的一个人，融入不了新环境。有一天晚上，小方睡不着，去找小明学长。一进小明学长宿舍，就看到他床铺旁围着一群人。小方正纳闷，凑近一看发现床上放的都是纸牌和钱。小方内心一下明白了：学长一群人在聚众赌博。他刚准备离开，小明学长就叫住他说："哎，小方，来一起玩，顺便借点零钱给我。"小方一时不知道该怎么办……

案例二：小陈和小李是好朋友，他俩从小一起长大，住在同一个小区，

读同一个班级，每天上下课在一起，玩耍、做作业在一起，就像一对形影不离的双胞胎。上个星期五的时候，小陈和同桌小周闹翻了，小陈提出让小李也不要跟小周来往了，而小李和小周是同一个兴趣小组的同学，关系还不错。面对小陈的这个要求，小李犹豫了……

案例三：小华今天事情很多，她手拿着计划本说：“事情真多呀，明天要交语文课的阅读理解作业，我还没有开始准备呢，晚上还要去练钢琴，天呐，看来晚上没有时间做作业了。中午我还是先赶紧做作业吧。”这时，小红大大咧咧地走到小华旁边说：“嗨！走，陪我一起去买本书。”小华很纠结……

心理解读

在以上三个案例中，主人公在面对朋友提出的请求时内心都很纠结、很犹豫，不知该如何处理。他人的不合理要求虽然没有到侵犯的程度，但如果答应的话，有可能会突破自己的原则或损害自己的利益。拒绝、不拒绝，的确是个两难问题。我们先来分析一下不敢拒绝的原因，然后再给出适当的建议。

不敢拒绝的原因

1. 担心拒绝会伤害到彼此的关系。

2. 觉得表达拒绝会体现出自己无能，或者让对方误会自己是一个自私的人。

3. 担心拒绝会伤害对方的感受，害怕让对方失望。

4. 对方本身具有权威性，需要服从，无法拒绝。

当别人提出不合理的要求或者自己无法接受别人的要求时，不管出于以上哪种原因，我们都需要勇敢地去拒绝，但要达到的目的是：既要拒绝别人，又不伤害别人。

在什么情况下需要拒绝他人

1.能明显判断出是不好的事情的时候。

案例一中，学长小明向小方借钱，并且拉他一起打牌，这是赌博，可以明显判断出这是不好的事情，所以需要拒绝，但拒绝需要讲究方式方法。

2.别人要求的事情确实是自己不想做的事情。

案例二中，小陈提出让小李也不要和小周来往了，而实际上小李和小周是同一个兴趣小组的同学，关系还不错。虽然小李和小陈是好朋友，但是小李也有自己的交际圈，能看出这是小李不想做的事情，所以需要拒绝。

3.手头的事比对方要你去做的事更重要。

案例三中，小华手头上需要完成的作业比陪小红一起去买书的事情更重要，所以应以更重要的事情为主，委婉拒绝小红。因为即使小华硬着头皮陪小红去买书，那她全程也是心不在焉的，反倒会影响两人的友谊。

应对之道

合理拒绝四步法

1.表达对对方的感谢，如：“谢谢你能想到我。”

2.共情和理解对方，如：“我知道你特别想做某件事。”

3.给予对方建议，如：“也许你可以想想别的办法。”

4.清楚且直接地给出拒绝的理由，如：“我很想帮你，但很抱歉我因为某些原因无法帮到你。”

1、2、3点是“外圆”的部分，是照顾他人的感受，4点是“内方”的部分，是明确自己的边界。

需要注意：表达拒绝没有公式，也不是套路，重要的是从自己的真实感受出发，真诚地回应别人，也真诚地照顾自己的需要。

接下来具体地说一说针对以上三个案例，分别应该怎么解决。

案例一，由于小明是学长，对新生小方照顾很多，在那种情急的情况下做到拒绝不容易。这时候小方不要参与到打牌中，三十六计走为上计。可以说：“学长，同学约了我打篮球，他在那等我呢。”

案例二，小李可以对小陈这么说：“小陈，听到你和小周闹了矛盾，你肯定很不好受，我也感觉很难过。我们是最好的朋友，但是我和小周是同一个兴趣小组的同学，关系也不错，抬头不见低头见的，所以你的要求让我感觉很为难。也许我可以从别的地方帮助你？”

案例三，小华可以和小红说：“小红，不好意思，我今天的作业超多，我中午得写作业，晚上还要去练钢琴，你可以自己去吗？我下次再陪你去。”

拒绝的其他技巧。除了合理拒绝四步法之外，这里再通过两个小故事来拓展其他拒绝的技巧。

拒绝小技巧1：幽默暗示

小故事一：罗斯福曾经是一名海军军官。一天，一个好朋友向他打听关于潜艇基地的计划。罗斯福环顾四周，压低嗓音问道：“你能不能保密？”对方回答说：“当然能。”罗斯福微笑着说：“那我也能。”

拒绝小技巧2：委婉拒绝后，给出合适的建议

小故事二：卡耐基曾谢绝了一场演说的邀请，他说：“可惜，我没有时间。”然后，他建议道：“约翰先生的演说非常出色，也许他会比我更合适！”

心理小贴士

温和而坚定的处世态度

明白自己要坚持什么原则或底线。需要明确自己的价值观和信念体系，认识到什么对你来说是重要的，以及你愿意为何而坚持。在遇到冲突时，寻求双赢的解决方案是关键。这意味着你需要努力找到一个既符合你的原则，又能满足对方合理需求的解决办法。

做到表达上的温和。需要你在面对挑战和压力时，能够保持冷静和自制力，用理性而非情绪化的方式处理问题。要使用温和的语气和礼貌的措辞，要展现出对对方观点的尊重和理解。通过倾听和同理心，你可以更好地与他人建立联系，减少误解和冲突，避免采取攻击性的行为。

练习自我控制和情绪管理技巧对于保持温和而坚定的态度至关重要。这包括学习如何在压力或挑战面前保持冷静，以及如何有效地管理自己的情绪反应。通过冥想、深呼吸、正念练习等方法，你可以增强自己的情绪调节能力。

17

自认为是小过失，别人却揪住不放怎么办？

案例导入

不少同学上了初中后，在人际关系方面感觉有些束手无策。

案例一：芊芊做完课间操回来，一不小心碰倒了学习委员桌上收好的作业本，“哗啦”一声本子散落一地。学习委员刚要发作，芊芊赶忙连声道歉，说自己只是走得太快，不小心才碰倒的，并马上把散落的本子捡起收拾好。学习委员这才转怒为笑，摆了摆手说没关系。然而，有几次芊芊从旁走过，都听到学习委员和其他同学吐槽，说芊芊做事毛毛躁躁的，那次还碰倒了一大摞本子，难怪学习不好，原来是做事急躁。芊芊很苦恼，自己为无心之失已经道过歉了呀，怎么对方还不罢休，还对自己这样评价呢？真是越想越难受。

案例二：敏敏是班上的开心果，经常为班级带来欢声笑语。一天，语文老师上课的时候讲到一个人物，敏敏立刻插话说，就像小胖妞小洁一样胖乎乎的可爱，同学们一阵哄堂大笑，可小洁却涨红了脸。原来小洁是个胖胖的小女孩，一直很自卑，被敏敏一说她更难受了。课后，敏敏发现小洁有点异常，觉得自己无心的话伤害了她，有点内疚。敏敏马上找到了小洁并向她道歉，还带着小洁去逛超市买好吃的，一起去操场玩，甚至主动承担小洁的打扫任务。慢慢地，两人成了无话不谈的好朋友。可是，当身边的人谈起敏敏对小洁的好时，小洁却说："谁让敏敏当初当着全班人的面说我坏话的，这是她应该做的。"敏敏听到后，又纳闷又委屈：自己已经为无心的话付出了那么多，可小洁怎么还是挂在嘴边不依不饶呢？

心理解读

案例一中，芊芊碰倒了学习委员桌上的作业本，当即就道了歉，并把掉落的本子给整理好了。芊芊为自己的无心之失承担了责任，做到这份上已经可以了。案例二中，敏敏课堂上口误，但课后意识到自己伤害到了小洁，作出了相应的补偿行为，但对方好像还是对这件事情很介意。这两个案例中，她们都遇到了同样的问题：同学对我的无心之过揪住不放怎么处理？

这样的事情在日常生活中很常见。其实，对无心之失，只要道了歉，付了该付的责任，就可以了，关于他人的评价顺其自然就好。一个好的人际关系没必要过度委屈自己，更不用为了维护好的人际关系，就过多地去讨好别人。一段好的人际关系可以让我们获得安全感、被支持感以及归属感，如果人际关系变得复杂且不健康，那么人就会产生不安全感与无力感，从而产生焦虑情绪。

阿德勒的哲学思想中提到：工作、交友和爱是我们人生的三大课题，无论处在什么人生阶段，我们都要去面对这些课题。不论我们如何挣扎，都无法跳出这个圈子。既然逃不掉，那就换个角度来看吧。不要为了刻意地去营造一个好的人际关系，而去过度讨好其他人。我们需要学习不卑不亢的态度和行为去对待人生长河中遇到的大多数人。

应对之道

案例中芊芊和敏敏需要做的有以下几点：

要有被讨厌的勇气。“所谓的自由，就是被别人讨厌。”过分迎合他人的眼光，一直活在别人的期望中，按照他人的要求来思考，其实是一种被剥夺自由的生活方式。我们应当时时刻刻牢记，总会存在不认同、不喜欢自己的人，即便自己再接近完美，也无济于事。很少有人被所有人讨厌，但是也没有人能够做到让身边所有人都喜欢自己。所以，比起讨人喜欢，更重要的是尊重自己、爱自己，为了自己而活。自己不能为了迎合他人而作出一些违背本心的事情，不能为了所谓世俗的成功而放弃做自己。

把自己和别人的“人生课题”（要负责的事）分开来。做真正的自己，让自己过得更好，不是让你不顾他人想法、他人观点，一味自私只在意自己的生活，而是要你把自己和别人的“人生课题”（要负责的事）分开来。他人喜欢还是讨厌我们，完全是由他人掌控的，是他们的课题，我们是决定不了的，讨好也改变不了。不要去承担他人应该承担的责任，也不要去干涉他人的决定。如何知道一件事是属于谁的课题呢？方法很简单，只要考虑一下某种选择所带来的后果最终由谁来承担即可。人际关系矛盾产生的原因基本上要么是干涉了别人的课题，要么是试图让别人承担自己课题带来的后果，要么是试图承担他人课题带来的后果。即使是父母，也得放下孩子的课题（自己必须负责的部分）。

前面说到我们不是为了满足他人的期待和目光而活，那他人亦如此。他人不可能为了满足我们的期待而活，要想他人满足我们的期待，我们需作出一定的努力。我们可以把马带到水边，但不能强迫它喝水，更不能用自己的付出感或自尊感来要挟，比如："我都已经把它牵到水边了，它怎么还不喝水呢？"是否喝水，是马的课题。我们做到自己所要做的，把它带到水边就够了。案例中，芊芊和敏敏已经做到了自己该做的那部分，处理好了自己的人生课题，为自己的无心之失道了歉，承担了责任，至于其他人怎么评价，是他人的课题，顺其自然就好。"是否讨厌我"是别人的课题，别人对自己的看法也是别人的课题，操之在别人，但是如何看待他人对自己的看法就是自己的课题了。当他人的言语冒犯到自己时，可以采用"非暴力沟通"去进行澄清、树立界线。

适当的时候运用"非暴力沟通"。比如在案例一中，芊芊听到学习委员和其他同学吐槽自己毛躁时，可以说："××同学，我听到你因为上次我弄倒作业本的事情和其他人吐槽我做事急躁（观察，不评价，虚己），我有点生气和委屈（感受），我已经为那件事情道过歉了，也帮你把作业本捡起来了（观察），我不希望别人抓着我的无心之过不放（需要），希望你下次不要在背后说我坏话了，可以吗（请求）？"

在案例二中，敏敏可以和小洁说："小洁，我听到你说当初我当着全班人的面说你坏话，所以我应该对你这么好时（观察），我感到不舒服，感到很委屈（感受）。我已经为上次的无心之失道过歉了，也作出了相应的补偿（观察）。我不希望被别人抓着无心之过不放（需要），希望你把那个事情放下，我们平等地做朋友可以吗（请求）？"

坚定地做好自己，主动改过。别人做决定的事我们无法控制，但是自己要做好自己，没做好的部分，要有勇气改过。"君子之过也，如日月之食焉。过也，人皆见之；更也，人皆仰之。"子贡说：君子的过错，如同日食月食。他犯了过错，所有人都看得见；他改正了错误，所有人都仰望着他。改错是人的高贵品性，令人景仰。子曰："躬自厚而薄责于人，则远怨矣。"孔子说：反躬自省，多反省自己的不是，少责怪别人，这样就很少会招来怨恨了。"攻其恶，无攻人之恶。"君子反省自己的缺点，却不攻击别人的缺点。

心理小贴士

不因外界评价而改变内心

“举世誉之而不加劝，举世非之而不加沮”的含义是：即便全世界的人都赞誉他，他也不会因此而更加勤勉；即便全世界的人都非议他，他也不会因此而更加沮丧。这句话源自《庄子·逍遥游》，传达了主人公宋荣子能够辨识自我与外界的界限，明确荣辱的分界线，不被外界评价所左右。如果一个人知道自己内在的提升更重要，就不会太关心外在的他人的评价和奖励。比如学习，自己更在乎学到新知识、新思维方式等，就不会太在意排名。这就是明白内在和外在的界限。如果一个人知道荣辱由道德决定，不由能力水平决定，那么当学习成绩比不过别人时，也会理性对待。

18

经常争得面红耳赤，如何实现“君子和而不同”？

案例导入

晓智是初一（五）班出了名的能言善辩的同学，他经常代表班级参加校辩论比赛，并屡次获奖，甚至有一次代表学校斩获了全市辩论大赛银奖，深受老师们的器重。晓智平时也喜欢与同学们谈天说地，分享各自的观点，在争论中提升自己。但晓智有些执拗认死理，经常与同学们大声地激烈争论，争论得面红耳赤，强迫对方接受自己的观点。可同学们又经常说不过他，不是气呼呼地结束争论，就是不服气地离开，晓智多次在争论中“大获全胜”，洋洋得意。渐渐地，晓智发现同学们都不太愿意跟他交流了，聊起天来会有些敷衍，然而他不以为意，觉得他们是说不过自己，仍然我行我素。

一次放学大扫除的时候，晓智和同学们边打扫卫生，边讨论《水浒传》中武松的故事。同学认为武松是打虎英雄，惩恶扬善，而晓智认为武松伤人性命，虽讲忠义却不是良善之辈。开始时只是各抒

己见，慢慢地晓智与同学争论得越来越大声，双方面红耳赤，讲得越来越激动，你不让我，我不让你，都快吵起来了。但讲着讲着，晓智的说法逐渐占了上风，已然是一副胜券在握的样子。这时那个同学突然往地下一坐，哇的一声哭了起来，说晓智强词夺理，太欺负人了。旁边的同学一见那个同学哭了，一边大喊“晓智把同学弄哭了”，一边跑去告诉老师。晓智顿时觉得很委屈，自己也没有说错呀，不就是声音大了一些，争论得激烈了一些吗？难道说据理力争，坚持自己的观点并说服别人接受也是错的？不一会儿，晓智的视线慢慢模糊了起来，眼里噙满了泪水……

心理解读

案例中晓智经常和同学争得面红耳赤，想要别人接受自己的观点。这本质上反映了两个问题：一是晓智事事想争个输赢，想通过争赢来获得成就感、面子感，这反映了晓智自我概念（自己给自己贴的一个标签）的问题。二是晓智的控制欲问题。据理力争，坚持自己的观点并说服别人接受，这没有错，但是放在辩论赛上会更好。日常生活不是比赛，要提醒自己脱离竞争关系，不要与谁都较劲，把同学当作伙伴，同时提醒自己是有能力的个体，但没必要通过方方面面争赢别人来证明自己有能力。

以下通过对自我标签、面子以及控制欲三个名词进行解释，以便更好地分析这个问题。

自我标签。经常和同学争得面红耳赤，通过争赢来获得成就感和面子感，这实际上也反映了个人自我概念的问题。自我概念包括“我是谁”的认知成分和“我对自己感觉如何”的评价成分。自我概念通过自己对自己的认知，以及他人对自己的评价及反馈来形成。案例中的晓智在辩论赛中屡次获奖，深受老师们的器重，他在辩论这个领域获得了很多的称赞和夸奖，有很强的成就感。通过他人的评价以及自我的认知，晓智对自己形成了“我辩论很厉害，我要赢过其他人”的评价成分。延伸到生活中，他也想通过让别人接受自己的观点，每次都赢过他人来维持并增强这份成就感。

面子。在心理学上，所谓“面子”的本质，指的是一个人的综合能力、个人成就、社会声望、社会形象等评价标准的表现形式，它是一个人竭尽全力去维护的一种公共形象。每个人都与生俱来地具有不断努力维持自身社会形象的动机。案例中，晓智想要争赢他人，其实就是在争面子。面子分为自己的面子、他人的面子和相互的面子三种。自己的面子，是指在人际交往过程中，关注到的自己的公共形象；他人的面子，是指在人际交往过程中，关注到的他人的公共形象；相互的面子，则是指在人际交往过程中，既关注到了自己的面子，也关注他人的面子，同时，还关注这二者之间的关系。案例中，晓智显然没有考虑到他人的面子，同学们和他交流观点，每次都争不过、说不过他，强烈地感受到挫败感和无力感，更没有面子可言，慢慢地就不愿和他交流了。所以案例中晓智在生活中关注自己的面子的同时，也需要关注他人的面子，实现共赢，也就是允许他人表达观点并接纳。

控制欲。控制欲指的是一个人想要对某件事情或某个人有绝对的支配欲和掌控感的企图。对于事情来说，不允许这件事有意外发生，不允许有不确定感；对于人来说，是不允许这个人有任何精神上或者行为上的违背，对其有绝对的占有欲和掌控感。每个人都需要对事物有一定的掌控感，不能接受太多的不确定性，但是如果这种掌控感过度，那就会对他人以及自己造成较大的影响。比如过度干涉他人，不能接受事物有任何的偏差。控制欲强其实反映了一个人内心的脆弱和缺乏安全感，需要极度确定的事物来带给自己安全感。案例中晓智事事都要争赢，其实也是对他人控制欲的体现。最想控制他人的那个点，往往就是自己最在意的、最不能失去的也是最缺乏的。案例中晓智就是想通过事事争赢别人来维持自己“辩论很厉害”的形象，这也是控制欲强的表现。辩论很厉害这个形象在辩论场上维持就够了，不需要延伸到生活中，否则会破坏人际关系。

应对之道

如果你爱争输赢，建议参考以下几点：

不与他人争胜负。试着摆脱生活中的竞争。简而言之，就是不能和所有人竞争，友善对待身边的同学、朋友，并且要时刻提醒自己：自己是一个有能力的人，不需要通过争赢别人来证明自己有能力。事事都要争赢，难道面子真的有那么重要吗？其实不然，有时候一味地追求所谓的面子，会失去更多东西。案例中晓智想在生活中和人辩论来提高自己的辩论技巧，这个很好，但是如果上升到“每次都要争赢”那就不是单纯地想提高辩论技巧了，而是为了追求面子。所以晓智在生活中需要放下是否争赢别人这个点，更多地关注自己和别人思维的碰撞产生的火花，放下和别人的高低对比，与“理想的自己”进行比较。

君子和而不同。子曰：“君子和而不同，小人同而不和。”孔子说：君子在人际交往中能够与他人保持一种和谐友善的关系，但在对具体问题的看法上却不必苟同于对方。小人习惯于在对问题的看法上迎合别人的心理、附和别人的言论，但在内心深处却并不抱有一种和谐友善的态度。“和”是一种外在的“外圆”，是给别人面子，也是给自己其他可能性。“不同”是一种“内方”，是给自己内在一些空间。

试着抱有君子的态度，接受每个人都是独一无二的个体，面对不同的事物都会有自己的看法，把彼此思维的碰撞当作一种乐趣。案例中晓智应该慢慢地学会接受他人和自己的不同，学会接纳和自己不一样的观点，不必事事争赢，要求他人认同自己。

另外，不要什么时候都滔滔不绝。该说则说，不该说就不要说。“孔子于乡党，恂恂如也，似不能言者。其在宗庙朝廷，便便言，唯谨尔。”孔子在邻里乡党，温和恭敬，温恭到好像不善于说话；但他在宗庙朝廷说话则辩论得清清楚楚，只是说得比较谨慎而已。跟同学、朋友来往，保持温和恭敬比较好，不要滔滔不绝说很多话。而对于自己熟悉的事和必须做好的事，要说得清清楚楚，但是说话的时候还是要谨慎。谨慎的目的在于不伤他们的面子，不控制他人。

心理小贴士

和而不同

在中国传统文化中，有许多关于和而不同的思想和典故。例如，《论语》中说：“君子和而不同。”《孟子》中说：“仁者无敌。”《论语》中说：“四海之内皆兄弟。”《诗经》中说：“殷鉴不远，在夏后之世。”这些都反映了中国人对于人与人之间关系的深刻见解和高超智慧。

所谓“和而不同”，就是指在相互尊重、理解、信任、支持的基础上，保持自己和对方的独立性和多样性，不强求一致，不强加改变，不盲目迎合，不轻易放弃。“和”，代表多样性和开放性，不强求、不控制、不评价。“不同”代表独立性，有自己的内在判断，不人云亦云，不盲目跟风。

19

努力去对他人好，自己常常很委屈怎么办？

案例导入

可可上了初中之后，和身边的同学相处得很不错。同学们都觉得可可是个“大好人”，很好相处，只要找她帮忙，她都会帮。有一天，可可正开心地吃着可口的饭菜，室友A对可可说：“可可，我现在在画画，有点饿了，你能不能帮我去楼下超市买个巧克力味的面包呀？”

可可一听，顿时嘴巴里的饭菜都不香了，她打心底里不想去，但是嘴上还是爽快地应着：“好啊，我去帮你买。”她放下手中的筷子，打算去买。室友B接着说：“可可，你刚好要下去，帮我把垃圾一起带下去吧，谢啦！”室友C又说：“可可，还有我的……对了，再顺便帮我带瓶橙汁上来。”于是，可可满脸笑容地提着几个室友重重的垃圾往楼下走去，扔了垃圾后，去超市帮室友A买她爱吃的巧克力面包，再去买室友C想喝的橙汁。

她这一路上脑海里一直出现两个声音，一个声音告诉自己：“可可，帮助其他人会得到她们

的喜欢，你也不想生活在有矛盾的宿舍里吧？”但是另一个声音又告诉自己：“可可，她们要吃巧克力面包、要丢垃圾，这本来就不属于你的责任范畴，你有充分的理由拒绝她们。而且你正在吃饭，为什么要牺牲自己的时间去满足他人呢……”

类似的事情还有很多，可可垂头丧气，心里在想：为什么别人老是叫我干这干那的呢？我不想干啊，过分在乎他人的评价而不得不经常讨好别人要怎么办呀？什么时候我才能勇敢地拒绝别人呢？

心理解读

从案例中，我们发现可可的内心是很矛盾的：她一边尽力满足身边人的需求，一边又在这样的关系中内耗和纠结。她戴上人格面具太久，让她喘不过气来。她没有在她的同学、朋友面前表现出真实的自己，不敢直接拒绝她们；而长此以往的自我压抑，会让她很累，也会严重影响其生活状态。

其实在现实生活中，有着很多像可可这样的人，他们总是拒绝不了别人，习惯性迎合别人，害怕表达自己，甚至呈现出讨好的模式……这类人的性格被称作讨好型人格。

讨好型人格的概念

研究者将讨好型人格界定为：个体在社会互动中形成的对内贬抑、对外褒扬的稳定心理特质。这是由个体在意他人的感受，一味地讨好他人而忽视自己的感受，本身没有原则的善良导致的。

案例中的可可，她本来不想答应别人的请求，但是为了让别人对自己持有一个好印象，不得已放弃一些自己的想法来满足他人。长此以往，可可的内心越来越冲突。太过在意别人看法的代价就是自我的丧失。如果我们在不断满足他人需求的过程中，不断妥协，不断放弃对自己而言重要的东西，那么我们离真实的自己就会越来越远。

讨好型人格错误的心理逻辑

1.极其在意别人的评价，对别人的感受、看法都特别敏感，害怕他人会不喜欢自己。

2.没有主见，总觉得要降低自己抬高别人心里才更安全。

3.害怕说“不”，不敢拒绝，也不敢发出请求，担心自己成为别人的负担。害怕说出自己内心的想法，害怕拒绝别人会影响当下的人际关系。

4.没有清晰的原则和界限，允许别人干涉自己的生活，自己也经常突破别人的界限。

讨好型人格带来的影响

1.低价值感

讨好型人格一直处于讨好他人的状态里，其低价值感一方面源于不自信，害怕自己成为别人的负担，在人际关系里会自我放低，让自己持续性地处于低位；另一方面源于其认为自己的付出并没有得到相应的回报，这种感觉会加剧低价值感。

2.负面情绪的积累

首先，讨好者常常怀疑自己是否真正获得了他人的好感，需要不断确认，此过程常伴随着焦虑情绪。其次，由于关系的不平等和自我的卑微，讨好者在潜意识层面对于讨好对象的态度其实是负性的。相比直接拒绝而采用讨好行为，他们更加害怕跟讨好对象发生直接的、激烈的冲突，所以他们会隐藏自己的不满，压抑自己对于讨好对象的负性情绪。而为了压抑自己的负性情绪，不让其表现出来，讨好者需要调动大量的心理资源来控制自己内心不好的那一面，所以讨好者常常会陷入内耗、纠结的状态，这也会影响他们的正常生活。

3. 不健康的人际关系

讨好者常常处于焦虑当中，过度关注他人随口说的一句话，担心自己是不是做错了什么，长期的内耗对自己的生活和学习也会产生影响，收获的人际关系也并不是一段健康的关系，而是地位不平等的关系，这种关系往往维持不了多久。

应对之道

如果你感觉自己在人际交往中会呈现出不敢拒绝他人，甚至有讨好他人的状态的话，可以试试以下的方法：

觉察和接纳自己。每个人都有过往的经历，形成讨好型的人际交往模式不是一蹴而就的，所以接纳自己会呈现出这种讨好的模式。每个人内心都有未被满足的需求，去觉察自己在什么时候、什么地点、面对什么人时会呈现讨好模式，去觉察自己那时在想什么、感受是什么、感受背后的需求又是什么。问题改变的前提是觉察和接纳，接纳不完美的自己，接纳自己内心的脆弱。不要害怕自己的讨好行为，不要害怕讨好的背后是脆弱而又真实的自己，去听听这个脆弱的自己在害怕什么。做到了觉察和接纳，离改变就不远了。

关注自己的感受。在他人对你提出请求时，关注一下自己内在的感受，不要立即响应，因为任何的响应都可能是以往人际交往模式的体现，需要给自己一点时间去觉察自己内心的感受。问问自己：我现在的感受是什么？我真的想去吗？对别人的情绪和需求关注少一点，而去察觉一下自己目前的状态、自己的感受、自己的需求；试着远离情绪舒适区，鼓励自己表达真实的想法。

形成自己的主见。讨好的人，也有可能是没有自己内在的对事情的判断标准。例如案例中的可可，对室友的要求是否过分，没有自己确定的判断，于是就很矛盾。平时生活中有很多事情不知是否过分了，可以向老师和家长请教，再慢慢形成自己的主见。

明确自己的边界，试着使用“非暴力沟通”拒绝他人。不少同学不是不愿意拒绝，而是不知道怎么拒绝，害怕拒绝会伤害到自己看重的人际关系。所以拒绝他人时，建议使用非暴力沟通，用爱的语言去维护自己的边界，同时也不伤害他人。如案例中的可可在觉察到自己内心不想去的需求时，可以温柔而坚定地和室友A说：“亲爱的，我知道你在画画又很饿了，所以想让我帮你去买面包（观察）。你能想到我这让我很开心（感受），但同时我又有点为难（感受），因为我想安心把饭吃完，不然等会就凉了（需要）。你可以自己去吗，下次有空我再顺便帮你带（请求）？”

尝试通过心理咨询修复创伤。当你努力了还是缺乏一点力量去践行的话，可以尝试和好朋友说说自己的内心感受，也可以学习他人是如何拒绝的，还可以尝试学校的心理咨询。咨询师会给你提供一个支持的环境，陪着你一起觉察自己、接纳自己，慢慢获得内在的力量，收获一段令你满意的人际关系。

心理小贴士

边界感

每个人在一段关系里面，都有一种心照不宣的契约，叫作“边界感”。也就是每个人在人际交往中，别人不可触碰的底线，例如不许他人用言语侮辱自己的父母等。它是人际交往中最基础的准则，因为任何一段关系能够成立的前提，一定是明确了边界的存在，这样这段关系才能够保持长久。那么如何才能建立自己与他人之间的边界感呢？

彼此尊重。尊重每一个人，哪怕是和你的观点完全不同的一个人。你可能不认同别人的看法，但你要尊重别人的看法，不能强迫别人来认同你。同时要学会主动了解别人的底线。

保持开放。不要妄自用自己的感受和想法去替代对方的感受和想法，而应该询问对方的感受，与对方真诚、坦率地进行沟通。先接受，再理解，少评判，多聆听。

课题分离。和他人相处的时候画下一条边界，告诉他：边界之外的事情，我没办法帮你承担你的课题（责任），边界之内的我的课题，我会尽我所能给予你帮助和支持。

设定规则。设定自己的底线，并且在适当的时候让别人知道，避免别人过度侵占你的边界。

20 当好友做得不当时如何处理?

案例导入

小洁和小如是从小一起长大的好朋友。一次小洁和小如一起去买水果，回来后发现水果坏了，于是拿去水果店换。但是水果店的老板说:“这水果是不是在我这里买的还是个问题呢，不予退换。”小如见老板不换，

非常生气，说:“你有没有读过书，这么不讲道理，是因为没有读书才来卖水果的吧!”老板听后很生气，便和小如吵了起来。小洁见状赶紧替小如道歉，最后老板也答应换水果。回来后小洁跟小如说:“你不应该这么和老板说话，应该要冷静一点，并且你说的话会伤害老板的自尊，这是很没有礼貌的行为，以后不要这样了。”小如听完，原本尚未平复的情绪更加激动了。她觉得小洁作为自己的好朋友不能够理解自己，于是生气地对小洁说:“本来就是老板不对，是老板不讲理，你还要责备我。你觉得我没有礼貌，我们就不要做好朋友了。”说完小如就非常生气地离开了，并且好几天都没有和小洁说话。小洁非常苦恼，但也觉得自己做得并没有错，不知道小如为什么要生自己的气。

心理解读

小洁和小如作为两个不同的个体，在表达方式上会有所差异，小洁在没有了解小如内心想法的情况下直接提出自己的意见和建议，没有体会到小如在整件事情中的感受，同时在表达过程中责备情绪较为明显，而小如也因为小洁的表达问题，没有体会到小洁的用意。两个人没有做到有效的沟通，导致了两个人矛盾的出现。

对此，王阳明在《教条示龙场诸生》中有专门的精到论述。当朋友有不当言行时，他认为应当做到：言语直接却不至于冒犯他，言辞委婉又不至于隐晦不明。王阳明说，劝勉向善，这是朋友间应尽的责任。不过必须忠言相告，而且要善加引导。尽自己的钟爱之心，用委婉恰当的方法，让朋友听了就能接受，明白了就能改正，内心有所触动却不至于恼怒，这样才是最好的责善。如果一上来就揭露他人的过失，猛烈抨击，令他无地自容，他将会羞愧难堪，愤恨不已，到了这一步，即使他想放低自己听从劝告，恐怕也做不到了。因此凡是攻击他人的短处，揭发他人的隐私，以此来博取正直名声的行为，都谈不上是责善。

应对之道

子贡问友。子曰："忠告而善道之，不可则止，毋自辱焉。"子贡问朋友相处之道。孔子说：以忠言相劝，以善道引导朋友，如果人家不听，就要停止劝导，否则难免自讨没趣而招来自辱了。

同学、朋友有做得不当的地方，建议做到：倾听，共情，忠告而善道，不可则止。

倾听。倾听是指对说话者全身心地进行积极关注的一种行为，是有效沟通的第一要素。在此案例中，小洁没有了解整件事情中小如的感受和想法，在自己主观的判断下提出了意见和建议，导致最后没有做到有效沟通。如果小洁在提出自己建议的同时也倾听了小如作出这样的行为的原因以及当时的感受，小洁就可以更好地给小如提出建议，小如也会更加容易接受。

共情。共情是指能够站在别人的角度，试着去设身处地理解对方的感受。小洁和小如在这件事情中没有做到很好的共情。小如在和水果店老板的对话中没有体会老板的感受，说出他是“因为没有读书才来卖水果的吧！”用偏激的语言伤害了水果店老板的自尊。而小洁在提意见和建议的过程中，也没有做到共情，没有充分体会小如当时是什么样的感受，而是一味地批评小如：“这是很没有礼貌的行为！”而这个时候小如也没有体会到小洁的用意，所以两个人的沟通产生了分歧，没有做到有效的沟通。如果这个时候小洁可以做到共情：“我能理解你当时的心情，但是这样和老板说话有点不妥当。”这样会让小如觉得小洁是站在自己的角度思考问题，更容易接受。

忠告而善道。言语直接却不至于冒犯他，言辞委婉又不至于隐晦不明。案例中，小洁在表达自己观点的过程中，语气过于强烈而不委婉。她的表达不是直接简单地陈述自己的观点，反而带有评价和责备的口吻，变成了一种情绪的表达，这种情绪也影响到了小如的反馈。小如的反馈也带有情绪：“你觉得我没有礼貌，我们就不要做好朋友了。”整个沟通的过程变成了情绪的宣泄，使问题没有得到有效的沟通及解决。

不可则止。不同的个体会产生不一样的观点和想法，在沟通的过程中异议是不可避免的，只有妥当地处理好沟通过程中产生的异议，才能使沟通过程变得有效，更有利于问题的解决。当然，他人实在不听，我们也沟通了，还不行就应当停止责善了。案例中，小洁与小如的异议在于，水果店老板否认她们之后，处理的方法不同，小洁是冷静处理，而小如是进行了语言上的反击，也对老板进行了否认。小如认为小洁没有对自己的反击表示理解，而是进行了直接否认，从而激化了小如的情绪，未能很好地处理异议，导致问题没有得到解决。如果两个人可以冷静下来沟通、商量，处理好异议，就能达到较好的沟通效果。

因此，若本案例中的人际交往问题采取有效沟通的方式进行处理，小洁可以在事后对小如说："小如，你刚才在和老板沟通的时候情绪比较激动，听了你的表述（倾听），我明白你当时因为老板不换水果而焦急的心情（共情），在着急的情况下，你说的那些话容易让老板没面子（表达观点）。我觉得我们可以好好和老板沟通，下次我们改变一下沟通的方式，好吗（处理异议）？"

心理小贴士

刺猬效应——距离产生美

在寒冷的冬天，两只小刺猬彼此靠近，试图分享温暖。可靠得太近，身上的刺会扎伤对方；靠得太远，又感受不到温度。它们在多次调整后，终于找到一个合适的位置：既不会伤害对方，也能够给彼此带来温暖。这个场景启发了心理学上的"刺猬效应"，表达了在亲密关系和人际交往中的适度之道。那么我们在生活中如何去运用刺猬效应呢？

尊重他人的独立性。就像刺猬需要保持距离以避免受伤，我们在人际交往中也要尊重他人的边界和个人空间。当别人听不进劝告时，要学会停止，再说就变成了"入侵"，伤害就产生了。

根据情况调整距离。人际关系中的距离是动态的，有时候需要靠近，有时候需要保持一定距离。这样才能让关系保持舒适和谐。

学会拒绝。我们不能满足所有人的需求，有时候需要勇敢地说"不"。这样可以保护自己的利益和边界。

21 可否向师长提建议？

案例导入

小丽是一名初中二年级的学生，她乖巧懂事，学习成绩在班上名列前茅，与同学相处也很融洽，然而她有时候也会不开心。因为妈妈总是一天到晚唠叨个不停，让小丽烦躁不已，她好几次和妈妈发生了一些争吵。

情景一：小丽要去寄宿学校上初中，妈妈送小丽去报到，看到小丽没坐好，妈妈马上说："站有站相，坐有坐相，你看看你那个坐姿。"办完报到手续准备离开的时候，妈妈仍然不忘叮嘱小丽："你要自觉，妈妈在与不在都要一个样，一天要打一个电话，中午或晚上都可以。"小丽听着妈妈的唠叨一脸不开心，心生厌烦，整天一句话都不说。

情景二：周末小丽从学校回到家，准备吃饭时，妈妈问小丽："你吃饭洗手了吗？洗手的步骤知道吗？肥皂用两次，搓手指一分钟。"小丽听了满脑子烦躁，冲着妈妈说："我又不是3岁小孩，洗手这种小事也要唠唠叨叨说个不停，烦死了！下次都不想回家了。"

心理解读

案例中，小丽作为一名中学生，面对妈妈的唠叨，感觉非常烦躁，导致无法与妈妈正常交流，彼此心情也受到了影响。

随着孩子步入青春期，他们越来越渴望独立的个人空间，能够独自决定自己的事情。此时，如果父母的养育方式还停留在为孩子承担生活和学习上的各种琐事，无微不至，这时候就会产生矛盾。父母的唠叨其实是想让孩子按照自己认为对的方式和要求来做，而孩子并不认同。所以，父母的唠叨既是一种温暖，希望孩子能够更好，在某种程度上也是一种控制，即按照自己的要求和方式来做，这会削弱孩子的自主性。

初中生正处于青春发育期，自主意识增强，自我意识发展很快，独立性也日益增强。当这种强烈的独立意识与父母充满关爱的喋喋不休发生冲突时，他们会很反感，会觉得父母是麻烦多事的人，还会和父母发生摩擦，导致亲子之间的沟通不能正常进行，也会对亲子关系造成损害。父母的唠叨有时候过于频繁甚至侵犯了孩子的个人空间，矛盾就形成了。

应对之道

在此，从初中生成长的角度来谈一谈这个问题如何解决。

上一节提到，王阳明在《教条示龙场诸生》中也专门提到了该如何面对长辈的过错。劝谏的正确方法是，言语直接却不至于冒犯，言辞委婉又不至于隐晦不明。

同样，对于父母的不当控制和唠叨，也是如此。长辈怎么说，是他们掌握的课题，晚辈可能不好控制，但自己的感受和边界被影响是自己的课题，可以适当地非暴力地表达。具体操作如下：

不对抗不反驳。这并不是要求完全接受父母的观点，而是避免与父母直接发生正面冲突。当你反驳父母的意见或者拒绝父母的要求时，很容易引起双方激烈的争吵。关于父母的唠叨，有些可能是对的，有些可能不对，我们需要允许各种情况的存在。如果能带来好的启发自然是最好，如果不能，也不要正面拒绝驳斥。在案例中，小丽面对妈妈的唠叨时，不应当反驳，把事情做好，让妈妈放心就行了。

转移话题暂缓一下。我们可以把话题从自己身上转移到父母身上。比如说，关心父母最近是不是工作比较累啊，或者聊聊父母比较感兴趣的事情等，避免父母把大多数注意力放在我们身上。案例中，小丽可以顺势关心妈妈最近是不是很累、状态是不是不好，这样妈妈会觉得她懂事了，知道关心人，也会对她更加放心。

找机会直接而委婉地表达。采用非暴力沟通，使亲子间的语言沟通成为一种平等、公平、有爱的沟通。案例中小丽可以在听完妈妈的唠叨以后心平气和地对妈妈说："妈妈，刚才您提醒我饭前要洗手并把正确洗手的步骤说了一遍（观察），从您的话语中我知道其实您是在担心若我没有正确洗手会影响身体健康（聆听对方的感受），但我已经是个初中生了，洗手这种事情对我来说是可以自己做好的，所以我刚听着您说的那些，心里其实挺烦躁又很无奈，我感觉自己什么都需要父母教（表达自己感受）。我知道您是希望我能把事情做到尽善尽美，并非常愿意在此过程中给予我帮助（挖掘对方的需要），但我已经长大了，我希望您能相信，我已经有能力照顾好自己，在一些小事情上我能自己做主（表达自己的需求），所以，请您以后在一些生活琐事上放心让我自己去做可以吗（请求）？"

心理小贴士

好心情效应

好心情效应即当信息与好的心情联系在一起时，它们会更具说服力。这是人际交往中的一个效应。好心情通常可以增强说服力，一方面是因为它有利于个体进行积极思考，另一方面是因为它与信息相互联系。当人们有一个好心情的时候，他们会透过“玫瑰色的眼镜”来看这个世界。他们做决定会更快，而且做决定时更冲动，更多地依赖外周线索。心情不好的人在作出反应之前会更多地反复考虑，所以他们很难被无力的论据动摇。当向师长提建议的时候可以利用好心情效应，选择在对方心情平和或者愉悦的时候提出有建设性的意见。

22 当父母的要求过高时，如何合理表达？

案例导入

阿丽是一名初中生，她是个比较内向、腼腆的女孩子，从小父母在学习上就对她要求很严格。上小学时，阿丽在班级中的成绩一直都很优异，几乎所有的学科成绩每次都不低于95分，但是优异的成绩却换来了其他方面的不足。比如，父母对阿丽学习上的高要求使得她几乎把所有的时间都投入学习中，基本上没有任何的社交活动。

上了初中以后，随着自我意识的萌芽，阿丽越来越不满父母在生活和学习上对她的高要求。父母不让阿丽出去交友，认为浪费了学习的时间。阿丽进入初中后开始对漫画产生了浓厚的兴趣，她能很好地平衡学习和休闲的时间，但是父母发现之后总是跟她做一些思想工作，教导她现在要努力学习，在学习上以高标准要求自己，将来才有可能考上好的大学。每次阿丽听完父母的话都不是很能理解，她不想父母对她学习上有这么高的要求，不想父母对她的兴趣爱好给予过多的干涉，由此陷入了困惑……

心理解读

大多数父母对子女的高要求可能是：

父母的期待心理。许多家长对子女的学习成绩要求过高，很大程度上与这些父母的成长背景有着密切的关系。有些家长因为现在和未来发展不好，于是将自己曾经未实现的梦想寄托在子女身上，期望子女能够圆自己的人生梦想；还有些家长，自己学习很好，现在发展也不错，希望子女也像自己一样通过学习受益。因此在教育子女的道路中，对子女的要求表现出过高的特点，而这些高要求的背后很有可能是父母成长背景下所带来的补偿心理。

忽视了孩子的兴趣与感受。许多家长总是根据自己的意愿去教育孩子，给孩子过高的要求，希望孩子能够达到他们想要的效果；抑或是盲目跟随大流，看到别人家的孩子学什么就让自己的孩子也去学，争取不让孩子输给同龄人。在这一过程中，父母经常忽视孩子的兴趣与感受，没有根据孩子的年龄特点、身心发展规律和孩子的兴趣爱好来满足他们的需求，只是盲目地对孩子提出过高的要求。案例中的阿丽父母在要求孩子的时候忽视了阿丽的兴趣爱好，没有很好地照顾阿丽的感受，使得阿丽在成长中没有得到应有的支持与鼓励。

偏差的人才观。许多家长认为孩子考上了大学才会有出息，才能有一份体面的工作。他们没能认识到社会需要多样的人才，无论是什么学历层次的个体，处在什么行业，只要在自己的职业道路中兢兢业业就值得尊敬。但是很多家长认为，如果孩子不读大学，孩子的前程就“毁”了，未来不会有很好的发展，其实这样的人才观是有偏差的。

应对之道

现从孩子的角度，谈谈该如何面对父母的过高期望。

允许不能改变的事实（如父母期望过高）存在。生活中的许多事情并不能如我们所愿，如果父母是偏专制型的，不能够很好地进行有效沟通时，我们如果一味期望父母改变，很有可能沉浸在不良的情绪中。改不改，是父母的课题，子女很难干涉。因此，对于偏专制型的父母，尝试接受父母对自己的高要求观念，以及在与父母交流时避免不了的冲突与矛盾的事实，或许对待这件事情的痛苦体验会少一半，因为你的注意力会放在怎样自我调整沟通策略这一更有建设性的事情上。案例中的阿丽在与父母沟通失败后，可以保持自己的想法，尝试接受不能改变父母观念的事实，将注意力放在自己还可以做什么的事情上，改变自己能改变的。

不对抗，暂缓一下，再找机会合理地表达。“父母之爱子，则为之计深远。”父母越爱子女，就越会为子女考虑或操心。我们在理解父母是对我们关心的同时也要做到合理地表达诉求，将父母对我们的关爱合理引导到理解和尊重我们的水平上。让父母知道只有让孩子感受到自己被尊重，孩子才会更尊重父母。同时，在家庭做决定时，尤其是关于你的决定时，积极表达你的想法和观点，参与其中，让父母意识到你的思想和观点的重要性，通过争取话语权循序渐进地让父母感受到你与他们之间平等的独立人格。

案例中阿丽可以通过组织家庭会议的形式，与父母开诚布公，把无法接受父母高要求自己的事情作为讨论主题，尝试说出自己的压抑感受，表达自己想要独立自主的诉求，并承诺在培养漫画这一兴趣爱好的同时也不会落下自己的学习。

澄清价值，做好自己，减少影响。作为初中生，随着自我意识的慢慢崛起，如果父母的要求过高，内心反抗的声音也会越来越多。但是盲目的内心反抗反而会消磨人的意志，作为学生的我们应该尝试澄清价值观，尝试思考在生活中自己的需求，什么对自己来说是重要的。当我们厘清了什么是有意义的，并利用这个认知去引导我们的生活时，将驱使我们迈向想要的生活状态。案例中，阿丽要认清虽然学习是她生活中重要的一部分，但是培养自身的兴趣爱好、与朋友的交往活动也是很有意义、很有价值的事情。

心理小贴士

合理的期望

他人的期望会影响我们对他人行为的感受和判断。在家庭教育中，父母对孩子的期望就属于这种倾向，他们的态度和看法会在很大程度上影响孩子对自己的期望。如果父母对孩子的期望过高，孩子可能会感受到巨大的压力，这种压力可能导致他们产生自我负担，甚至反感和挫败感。过高的期望也可能让孩子觉得自己无法达到父母的标准，从而影响他们的自信心和自尊心。作为学生，可以多看到父母期望中爱的部分，不去关注期望中强求的部分，自己尽力就可以了，学习是对自己负责。

父母应了解孩子的兴趣和特长，并在这些方面给予鼓励和支持，避免过度期望。同时，在批评孩子时，应注重审慎和谨慎，避免对孩子的自我形象造成负面影响。

23 想要老师做到公平时，如何妥当争取？

案例导入

小亮是一名初中生。成绩优异且守纪律的他，在学校常常受到老师的夸赞。然而，最近发生的一件事，却让小亮觉得老师对他的态度急转直下。起因是在一次面向市里的语文公开课上，小亮的同桌不慎将自己课桌里的饮料打翻，半瓶饮料都倒在了小亮的裤子上，小亮因此惊呼了一声，引得班上同学纷纷回头看，扰乱了课堂的秩序。课后，小亮忍不住责怪同桌，与同桌发生争执，出现了互相推搡行为。班主任赶来处理，并让同桌陈述两人课后争执事情的经过。同桌讲完后，班主任做了简单的协调，就让两人打扫当天的班级卫生，作为两人在班里打架的惩罚。同时，班主任又因为语文老师的反馈，单独让小亮再写一份检讨，反省自己在语文公开课上发出怪声扰乱课堂秩序的行为。小亮想做解释，但班主任要赶去上课，打断了小亮，并让他在放学前交检讨书。对于这个处理，小亮觉得很委屈，他认为一切的根源都是同桌打翻饮料，而自己却受到更多的惩罚。小亮认为老师偏袒同桌，他赌气决定什么也不解释。这天放学，小亮并没有交检讨书，公然的反抗让班主任很生气，第二天又把小亮指责了一顿。这更让小亮加深了对班主任的抵抗情绪，他决定以后不听班主任上的课，同时决定以后非必要，不再和班主任讲话。

心理解读

小亮成绩优异且守纪律，平时受到的都是来自老师的夸赞，但因为饮料事件却接连受到了老师的误解、批评和惩罚，产生了较大的心理落差。他还认为老师的处理不公平，认为老师更偏袒同桌，作为反抗，他没有听老师的话交检讨书。因为没有一个良好的沟通，缺少解释，让班主任对小亮的误解更深，小亮也对班主任更加感到气愤。

人际关系相关心理学研究表明，学生的人际关系中最亲密的莫过于父母与老师。在与父母和老师相处的过程中，自然想要父母和老师做到公平对待，不偏袒任何一个人，而不是害怕惩罚。只要做到了公平，即使被惩罚也心甘情愿。比如案例中的小亮，他不是不愿意接受打扫卫生和写检讨的惩罚，而是因为老师没有了解事情的原委就作出了惩罚，让小亮觉得不公平，很委屈，也很生气。

良好的师生沟通在学生的发展过程中有举足轻重的作用，不仅仅在学生想要寻求公平时需要良好的沟通，在日常的学习生活中，比如课堂教学、课后休息时间，想要保障学生的心理健康，良好的师生沟通都必不可少。作为学生，如果没有良好的沟通，则会给我们带来较大的不良影响。因为学生还处于发展阶段，身心并未发育完全，存在心理承受能力较差、自我调节能力较弱和自我防御保护机制不健全等问题。

但在现实生活中，老师与学生是一对多的形式，沟通的效果很可能会因此降低；还存在老师工作事务繁忙，没有时间沟通的情况。案例中就是如此，在小亮想要解释的时候，班主任因为还要赶去上课，没有时间倾听小亮的解释，导致小亮没有机会说清楚，而造成了不好的结果。

应对之道

要想让父母和老师做到公平，建议做到以下几点：

换位思考。如果像案例中的小亮一样受到了不公平对待，我们首先要换位思考，也可以称为共情。共情是作为一个老师必备的，它能够帮助老师从学生的角度出发来上好每一堂课，以及在与学生的交往中发挥很大的作用。那么，作为学生，我们也可以共情老师，简单来说就是换位思考，理解老师。

老师作出了不公平的惩罚，一般不是老师故意的，那还有可能因为：老师不了解事情真正的原因，或者老师要面对很多学生，他只能快速作出决定。

反思自己。在事情发生之后反思自己。案例中的小亮，虽然一切事出有因，但和同桌出现推搡却是不对的。在和老师沟通之前，反思自己是有必要的。虽然我们那么做的时候不是故意的，但确实做了，我们就得承认。勇于承认错误一直是优秀的品德。

找合适的时机沟通。第一步，如果老师还不了解事实的真相，那么我们就需要向老师说明真相，而不是一直问为什么、凭什么，或把事情憋在心里不说，只是自己觉得委屈生闷气；也不能直接顶撞老师，说“我不”“我才不要打扫卫生和写检讨”。没有哪个老师不愿意听学生说话，只要你愿意说，老师一定会认真倾听。案例中的小亮也是想要向老师解释的，只是由于第二步没有来得及说。

第二步，如果老师忙着去上课没时间，那我们就应该另找一个时间去跟老师沟通，比如下一个课间，或是放学之后。如果小亮向老师正确表达：“老师，我推同桌确实不对，我错了，我也不该在公开课上大叫，扰乱正常上课秩序，但这都是因为同桌把饮料洒在我身上了。”相信老师肯定会理解小亮，并重新作出一个公正的处理。

想要父母公平对待自己也是相同的道理。换位思考父母的难处，理解父母这么做的原因，同时也反思一下自己有没有什么地方做得不对，在合适的时间，与家长进行有效的沟通。

心理小贴士

利用非言语沟通信息

沟通是指在工作和生活中，人与人之间通过语言、文字、形态、眼神、手势等手段来进行的信息交流。沟通既是一种文化，也是一门艺术。最有效的沟通是语言沟通和非语言沟通的结合。

有效的沟通首先要讲出来，坦白地讲出你内心的感受、感情、痛苦、想法和期望，但绝不是批评、责备、抱怨、攻击。只有给予彼此尊重才有沟通，当对方不尊重你时，你也要适当地请求对方的尊重，否则很难沟通。

有时，非语言沟通产生的作用甚至优于语言沟通。梅拉宾法则指出，在人际交往中，一个人的情感和态度，约有7%来自语言，38%来自声音，剩下的55%来自非语言表达，包括面部表情、肢体语言等。这意味着，在人际交往中，非语言沟通的重要性远超语言沟通。

在与长辈沟通时，学生可能处于心理弱势，表达时可能词不达意，这时多用非言语的手势、表情来沟通可能会取得更好的效果。

24 当你想要得到某位老师喜欢时，如何做才恰当？

案例导入

小张今年上初中了。在所有的老师里他最喜欢的是英语老师，他觉得英语老师上课的时候风趣幽默，举手投足间充满着自信和魅力。小张希望自己长大以后也能成为这样的人，于是他非常渴望得到英语老师的关注和喜欢。为此小张下了一番功夫，因为老师都喜欢上课主动发言、善于思考的学生，于是原本内向、懒散的他努力做好课前预习，上课前一晚就把自己对于这堂课的提问准备好，等到上课的时候，他就积极举手和老师互动，得到老师的表扬之后，他可以开心好几天。

但最近小张很苦恼，因为上周英语老师布置了家庭作业，要求写一篇英文小短文，小张的英语并不拔尖，但他很想交出一篇出类拔萃的作文，成为老师心目中最优秀的那个学生。于是他偷偷上网搜了一篇别人写的范文，自己抄了抄就交了上去，结果老师发现了他的作文是抄的，点名批评了他，眼里满是失望。回家后小张难过得哭了，他觉得自己很笨，这种抄作业的行为很不好，老师一定很讨厌自己。为什么自己这么努力了，还是得不到老师的喜欢呢？

心理解读

案例中的小张和老师之间的关系属于青少年与成年人之间的一种核心社会关系。进入初中后，一方面，随着我们的自我不断发展，自我权利意识也在增强，我们会变得更加想要突出自我；另一方面，此时的自我是建立在接受别人评价基础之上的，因此我们又十分希望在各方面得到老师的认可，会开始表现出接受外部原定的规则与要求，努力使自己的言行与社会规范一致，希望老师能够喜欢这样的自己。这本来不是坏事，像案例里的小张，原本内向懒散的他努力做好课前预习，上课的时候也会积极举手和老师互动。但如果在这一时期学生过分追求老师的认可与喜欢，甚至把老师的喜欢看作是衡量自身价值的最高标准，那将会导致核心自我评价系统无法很好地发展。案例中的小张，为了成为老师心目中最优秀的那个学生，偷偷上网抄别人的范文上交，这是非常不可取的。核心自我评价指的是个体对自身能力和价值所持有的最基本的评价和估计，由自尊（感觉自己是有价值的）、自我效能感（自信，感觉自己是有能力的）、神经质（平和，认为自己情绪稳定且能调节好情绪）以及控制点（认为自己能掌控将要发生的事）四个基本特质组成。强大的自我是一个自尊、自信、理性、平和的自我。如果只是依赖其他人给予的肯定来应对困难，长此以往，我们便不能以公正客观的方式来处理生活中面临的事，难以看到自身的价值，核心自我评价系统也会崩溃。因此老师的喜爱其实并不是很重要，我们可以去理解老师的想法，但没必要刻意追求老师的喜爱。最重要的是自己肯定自己，自己爱自己。

应对之道

想要得到老师的认可是一种好现象，但过度了，不通过正当的方式去获取，或者把他们的认可当成自己自信的唯一来源就偏离了。建议个人做以下调适：

给价值观排序。请按照对你的重要程度为以下价值观排个序：

1.思想。想给这个世界留下更多的知识、真理和观点。

2.躯体。身体的健康和活力、疾病的痊愈。

3.艺术感官。追求各种各样的美丽感官，如艺术、音乐、鲜花、绘画、演出、工艺等。

4.情感。更多的爱、关心和同情。

5.意志或良知。对高尚、公正和真实的追求。

6.精神。追求精神、信念、对众生的博爱。

7.幸福。追求人与人之间的感恩、互助、笑声和欢乐。

8.财物。追求更多物质欲望的满足。

找到了自己认为最重要的事，就找到了自尊的理由。

发现自己的优点。思考和描述对自己最重要的、最能让自己感到骄傲的才能；尽可能详尽地描述两个自己每天都在进步的特点、特长、技能。找到自己能做好什么，就找到了自信的理由。

参与具体的活动。多多参与那些可以肯定自我价值的活动，例如你擅长体育运动，可以多参加各种体能训练和运动比赛，在解决具体任务的过程中不断沉淀和肯定自我。

总结自身的成功经验。回忆自己以前做过的令自己自豪的事，归纳其中共同的成功经验。

做到“课题分离”。自己做好自己负责的事，不要求他人按自己的要求做。老师喜不喜欢是老师的事（课题），不是学生能决定和强求的，学生自己能决定的事是做好自己想做的事。这样做可能可以让老师喜欢自己，也可能不能，然而这却是学生能决定和能做好的事。自己的事、他人的事、自然的事，一般人能掌握的就是自己的事。掌握并做好自己的事最重要。老师喜欢自己与否，是一种外在的条件，不是强求就可以得到的。

心理小贴士

不以物喜：找到自己内在重要的意义

“不以物喜，不以己悲”，出自范仲淹的《岳阳楼记》。该文描述了岳阳楼在两种天气下的风景和登楼人的心情。前段是：“若夫淫雨霏霏，连月不开，阴风怒号，浊浪排空，日星隐曜，山岳潜形，商旅不行，樯倾楫摧；薄暮冥冥，虎啸猿啼。登斯楼也，则有去国怀乡，忧谗畏讥，满目萧然，感极而悲者矣。”后段是：“至若春和景明，波澜不惊，上下天光，一碧万顷，沙鸥翔集，锦鳞游泳，岸芷汀兰，郁郁青青。而或长烟一空，皓月千里，浮光跃金，静影沉璧，渔歌互答，此乐何极！登斯楼也，则有心旷神怡，宠辱偕忘，把酒临风，其喜洋洋者矣。”两段文字，两种风景，一悲一喜，相互映照。就如同世事多变，人生起起落落，我们能掌握的事少之又少。如果过度沉迷于外界的变化，我们的心情也就容易跟着大喜大悲。所以重要的是，找到自己存在的意义，并去实现它，把秤放在心中，而不是什么其他外部事物上。

25 如何与“看不惯”的老师相处？

案例导入

小荣是一名初中三年级的学生。他性格开朗，目前学习成绩处于中等水平。进入初三已经3个多月了，他不喜欢化学老师——刘老师，其他老师他都挺喜欢的。

情境一：小荣在刘老师的课堂上，对老师的讲课内心有抵触的情绪，无法专注听课。他认为刘老师讲课平淡无奇，一节课里面没有重点，没有乐趣，感觉自己从没有认真地听他讲过一节课。为了活跃课堂气氛，刘老师有的时候也会在课堂上开些小玩笑，同学们都会笑一笑，而小荣却总也笑不起来。小荣觉得刘老师讲笑话的时候很不真实，让他感觉不适。小荣上课不回答问题也不微笑。

情境二：课间，小荣在楼道里远远地看刘老师朝自己的方向走过来。正当小荣准备看着地面和老师擦肩而过时，刘老师叫住小荣并打了个招呼，他清晰地喊出了小荣的名字。小荣当时感觉羞愧难当，转身跑走了……

小荣不喜欢刘老师，觉得不应该如此，为此很困扰，他来到学校心理咨询室求助：“为什么自己就是讨厌这个老师？该怎么和这个老师相处？”

心理解读

像小荣这样，在学习中有一两位老师让自己“看不惯”，是正常现象。因为现实本来就是多样化的，什么人都有。俗话说，百人百脾气。由于遗传因素、成长背景及教育程度的不同，人们的举止、爱好、气质、性格特征也各不相同，每个人相对于其他人来说都是独一无二的。仔细研究，你就会发现这些独特的个性组成了美妙而生动的世界。有些人快言快语，风风火火；有些人则沉默寡言，含蓄冷静；有些人习惯节衣缩食，勤俭持家；有些人则喜欢大手大脚，超前消费；有些人热烈奔放，充满激情；有些人则冷漠若冰，不动声色。正是因为这些不同，才使人与人之间的交往变成了一门艺术。很难想象，若周围都是与自己相同的面孔，世界又是怎样的情形。对于小荣的这种情况，我们允许他们存在就可以了。

如果看不惯的人太多，那就要自我调整了。我们看不惯或不喜欢的人越多，代表我们心中的成见可能越多。苏东坡与惠崇和尚戏语，苏东坡说：“我看你像牛粪。”惠崇和尚说：“我看你像如来。”东坡不解：这和尚怎么以德报怨呢？回家后问其妹苏小妹，苏小妹说：“心存牛粪，看人都如牛粪；心存如来，看人都是如来。”东坡有所悟。在前面我们提到过人际交往的“虚己以游世”的原则，讲的就是在人际交往中要放下自己的成见，去观察（不带任何观点和评价地去看）他人，允许各种观点和各种人的存在。

因此，在与人相处时，要以相对客观、中立的眼光去评价他人，这样才能公平地对待他人和自己，避免对他人产生过大偏见，影响到自己的学习和心情。

应对之道

如何避免成见对自己产生过大的影响呢？

反思自己的成见，不随便猜测和评价他人的想法。看不惯的人多，就代表心中的成见多，需要反思自己的成见及为什么会有这么多的成见。是对老师为人的不满，是对老师教学方式的不认同，还是对老师个人素质有看法？有些学生仅凭一些个人的直观感觉就对任课老师下结论。他们不喜欢某位老师的原因有时很简单，也许就是认为老师很“偏心”，因为老师往往会对成绩优秀的学生宽容一些，这可能就是学生眼里的“偏心”。

把别人的错误当成自己的错误去对待。那些我们看不惯的人，也许真的做错了些什么，让我们不喜欢他们。然而我们也要防止过分放大他们的错误，这时我们需要把别人的错误当成自己的错误去对待。我们往往对自己很宽容，可以容忍自己的任何缺点和不足，却不能容忍别人的任何一点小过错。特别是与人发生矛盾冲突时，常会想当然地维护自己的声誉，内心坚持自己是对的，过错都是别人的。于是就会出现当事双方各执己见，面红耳赤，甚至反目成仇的情况。只有把别人的错误当成自己的错误去看，你才会从内心去理解他、认可他，对他的种种过错和缺点不耿耿于怀，这样彼此之间才会有一个美好的开始。此外可以尽可能多地了解老师的闪光点，然后用老师的这些闪光点去冲淡对老师的不良印象。

真诚表达自己的情感诉求和立场。不论是老师还是同学，如果对方一而再再而三地让我们不开心，那么我们不应该一味忍受，而应该直接地、平静地告诉对方，他们的行为习惯或者说话方式，对我们产生了很大的困扰。当然说这些话的时候切忌带有情绪，而应该真诚地和对方交流。如果是老师教学方式的问题，那么我们就明确告诉老师，他的教学方式我们不太适应，看老师能不能作出一些调整，从而让我们能更好地学习；如果觉得教学进度过快跟不上，那么我们就找个合适的时间礼貌地询问老师能不能适当放慢教学速度，从而使自己学得不那么吃力。另外我们也可以寻求其他老师或者家长的帮助，解释清楚某个老师让我们不满的地方，并征求他们对解决这一问题的意见和建议。

适当向看不惯的人示好。如果自己看不惯的人比较少，在正常范围，我们可以向这些少数看不惯的人示好，注意不是刻意讨好。一些心理学家经过研究发现了一个有趣的现象，在人际交往中，人们倾向于喜欢那些同样喜欢自己的人，讨厌那些同样讨厌自己的人，这就是人际交往中的对等律。为什么会出现这种情况呢？因为人的言行举止受无意识的态度、观念的影响和支配，这些未经意识过滤的态度、观念会通过人的语言信息和非语言信息传达给对方。所以，当我们给他人贴上不喜欢的标签时，他可能正以同样的态度看待你，这样彼此间的隔阂与矛盾会越来越深。若想打破这种人际交往的尴尬局面，可以主动出击，适时向对方表示你的友好。这么做不一定有回报，但一定可以减少相互的冷眼。对于自己不喜欢的老师，我们可以礼貌地对他，不可刻意地去对抗。不喜欢听某个老师讲课，我们不能捣乱或者找其他同学说话，不尊重老师的讲课，影响其上课。

千万不要恨屋及乌，要课题分离（把自己负责和他人负责的事分开），更自主地学好这门课。作为学生，我们可以不喜欢一个老师，但是我们应该做好作为一个学生本应该做的。我们可以不用和老师做朋友，但是我们要和学习做朋友。必须分清主次，喜不喜欢某个老师其实并没有那么重要，自己的学习才是最主要的。如果因为不喜欢某个老师而影响到我们对某个科目的学习，是非常不划算的。学习本来就是我们自己的事（课题），我们学习成绩差，老师并没有什么损失；我们学习成绩好，自己才是最大的受益者。如果实在不喜欢某位老师，没关系，我们对这门课感兴趣就好。我们可以寻找这门课中有意思的地方，发掘学习这门课的乐趣。

心理小贴士

人有十不同，花有百样红

“人有十不同，花有百样红”强调了个体之间的差异和多样性。处理与自己看不惯的老师的关系时，首先，理解每个人都有独特的性格和风格，包括老师，不同的教学风格、个性特征和价值观可能会让我们感到不习惯，但这也是个体差异的一部分。其次，接受和包容这些差异，不必强求老师完全符合你的期望，尝试从对方的角度看问题，理解他们的教学方法和管理方式。

26

如何选择好友?

案例导入

小玲是一名初中二年级的女生，她和小慧是很要好的朋友，所以当小慧向小玲提出一些要求时，她总是会尽量满足。

一天，小慧和小鱼吵架了，于是小慧对小玲说:“小玲，我现在再也不跟小鱼玩了，等下我要去他的桌子上写一些骂他的话，如果你不跟我一起去写，我就跟你绝交。”小玲很苦恼，一方面她觉得这样做不对，所以她并不想去小鱼桌子上写脏话；另一方面她不想失去小慧这个朋友，无奈之下，她答应了小慧的要求。事后，她觉得很对不起小鱼，陷入了深深的内疚中。

之后，学校进行了期中考试，平时贪玩的小慧希望通过作弊的方式取得好成绩。小慧又故技重施，对小玲提出“考试的时候不给我抄答案我就跟你绝交”的无理请求。小玲很苦恼。

后来，小玲想去参加一个比赛，小慧却说：“就你，别白费力气了，洗洗睡吧，梦里啥都有。”小玲最终还是放弃了参加比赛，即使她很想尝试。

这段友谊让小玲每天承受着巨大的精神压力，渐渐地，小玲开始产生自我怀疑，价值感也慢慢降低。小玲想“摆脱”小慧对自己的影响，但是又担心会破坏两人之间的友情，随后又轻而易举地被小慧拉回到“旋涡”之中。小玲又一次陷入了深深的苦恼中……

心理解读

《诗经·小雅》中说：“嘤其鸣矣，求其友声。相彼鸟矣，犹求友声。矧伊人矣，不求友生？”意思是说：鸟儿发出悠长的鸣叫，那是寻求朋友的声音。听这些鸟儿急切的声音，还有那寻求朋友的渴望，何况我们还是人呀，不寻求朋友怎么行？这首脍炙人口的诗歌，说明了人类对交往的强烈要求。小玲为了维护朋友关系，去进行各种努力是值得称赞的。

有社会心理学家把友谊的作用归为如下8点：

1. 可以带来稳定感；
2. 可以度过快乐的时候；
3. 可以获得与别人合理相处的经验；
4. 可以使宽宏大量和理解力得到发展；
5. 可以得到掌握社交艺术的机会；

6. 可以得到批评别人的机会；

7. 可以提供求爱行动的经验；

8. 可以促进诚实方面的发展。

然而，找朋友要学会找对人。

孔子曰："益者三友，损者三友。友直，友谅，友多闻，益矣。友便辟，友善柔，友便佞，损矣。"孔子的意思是，有益的朋友有三种，有害的朋友也有三种。与正直、诚实和见多识广的人交朋友，是有益处的；而与走歪门邪道、谄媚逢迎以及花言巧语的人交朋友，是有害的。所以好的朋友能让我们体验到友谊带来的快乐，而不好的朋友则相反。

案例中的小慧并不是真的把小玲当作朋友，她总是居心叵测地利用小玲的弱点操控她，让她做一些违背个人意愿却有利于自己的事。小慧表面上与小玲无话不说，内心却不希望她比自己优秀，常常以打压小玲的方式来满足自己的虚荣心，同时以"我要跟你绝交"来要挟、强迫小玲去做违背她个人意愿的事情。

应对之道

对于初中生如何选择朋友，提出以下建议：

要有共同的语言和兴趣爱好。一个人与他人相处时，如果没有共同的语言、共同的兴趣爱好，就会缺乏交谈材料。同龄人之间因为在个性上有着共有的部分，所以更容易相互理解、融洽默契，通过交流心理上可以得到相互补充、相互支持。另外，我们也要选择和一些年长的人做朋友。和年长的人做朋友，可以得到他们的指导和帮助，可以和他们讨论问题，从而获得依靠自身和同学那里所不能获得的知识经验。例如，某个初中生特别喜爱文学，后来结识了一位作家朋友，通过虚心向他请教文学创作的知识，后来经过刻苦练习，自己也发表了很多好的作品。

对事物要有相似的态度。一个人的观点看法与你的观点看法相似，你就会喜欢这个人，观点各异、看法不一，必然影响彼此的接近。如果彼此都有共同的观点，在沟通互动时就比较容易相互支持、互相靠近。常言道：“酒逢知己千杯少，话不投机半句多。”一个人与另一个人有相似的态度，这两个人在很大程度上会有相似的生活环境和生活经历，以及相似的受教育程度等。《钢铁是怎样炼成的》一书中的保尔和冬尼亚虽然建立了友谊，而且这种友谊还在向爱情发展，但终因理想不同，选择的人生之路不同，友谊破裂。庄子说：“鱼相造乎水，人相造乎道。”志同道合是友谊的基础，失去“道”，建立起的友谊也是不牢固的。

要学会认识一个人。俗话说：“鸟择木而栖，人择友而交。”可见交朋友是具有一定选择性的。选择好的朋友，在你遇到困难和挫折时，他会帮助你，关心你；选择坏的朋友，当你得意时，他会百般奉承，当你失意时，他会溜之大吉，或是把你视为路人。那么，怎样认识一个人呢？首先，要从一个人的外部行为上开始认识，看他的行为是否积极。例如，你要选择某一位同学做你的朋友，你就要注意观察他每天的言谈举止，他都和哪些人来往，每天谈什么、做什么，对学习和生活的态度怎样，学习成绩怎样。其次，由外部行为逐渐认识到他的心理世界，看心态是否积极。他每天都在想什么，他的人生观是怎样的，他的个性特征如何，等等。最后，看人品。我们要选择人品好的人做朋友。孔子曰：“友直，友谅，友多闻，益矣。”要选择正直、诚信和知识广博的人做朋友。

心理小贴士

共鸣效应

共鸣效应指的是个体之间因共同的兴趣、价值观、经历等而产生的情感共鸣和心理连接。当某个人发表了对某一事件的看法或意见，而另一个人由于社会背景和知识背景相似，对这一看法表示赞同，从而形成了共鸣。这种共鸣有助于加深人与人之间的理解和信任，促进关系的建立和发展。

27 如何化解误会？

案例导入

考试成绩出来了。小白看到了自己的分数和排名，也看到了同桌小李的分数和排名。小白的成绩一向不错，这次依然是第十名。小白见小李脸色有点阴沉，就小心翼翼地问他："你怎么了？没考好？"小李在一旁转着笔，有些漫不经心，然而眉头却始终紧蹙。小白愣了一下，脱口而出："和上次考的差不多啊……"

电扇嗡嗡的声响同小白的声音混杂在一起。小白不知道小李有没有听到他的话，小李一直没有出声，就连神情都没有什么变化。沉默了一会儿，小白终于忍不住低头对他说："是你给自己定的目标太高了。"话一出口，小白便有些后悔。他从来没想过要伤害人，可是这种无知的话，却往往带着参差的毛边，能扎到人心里去。不出所料，小李笑了一声，眼里带着些讥讽："是我自己能力不行还想着高攀是吧？"

那一瞬间仿佛电扇都噤了声，只剩白花花的灯光格外刺眼。小白知道，他再怎么解释都没有用了。那天晚上他们一直没有说话，自习课也被这件事牢牢占据了心神，小白几乎没有再动笔。

说者无心，听者有意。平

时的一句玩笑话，甚至是为了别人好的箴言，往往也因为特殊的情境而被别人误会。

心理解读

误会在生活中很常见。有心理学研究者认为，误会的原因在于信息发出者有明白度错觉。大多数信息发出者认为彼此之间的沟通是清清楚楚、明明白白的，自以为已经把事情说得清楚、明白了，所以就不会花费时间和精力去进一步解释或者确认对方是否理解。但实际上，接收信息的人并不明白。

明白度错觉产生的误解也可能是双向的：当你抱怨其他人并没有真正明白你的意思时，你可能同样没有明白对方在想什么。双方没有进行直接的沟通，而是在各自心里对对方进行了揣测，而这些揣测都是完全错误的。人们往往意识不到，他人眼中的自己和真实的自己存在着误差。你觉得你已经把你的态度表达清楚了，他也明白了，但实际上，你既没有说清楚，他也没有明白。正是种种这样的误解，造成了我们在人际关系中的不满和冲突，甚至是彼此怨恨。

对于接收信息的一方来说，让我们容易产生误解的原因，来自我们都是懒惰的思考者：在对他人进行认知的过程中，我们会倾向于节省时间和精力，只挑出我们认为对形成印象必要的信息，而忽略了其他的信息。

在现实生活中，绝大多数情况下，我们面对着两种思考模式——一种是快速的但是容易出错的直觉思考方式，另一种是审慎的需要花费时间和精力的理智思考方式。我们对他人的信息通常用的是直觉思考，因为要调动理智思考，往往需要花费时间和精力。我们容易在人际关系中，因为一次的矛盾，在那一刻强烈地凭直觉就认为是对方的问题。然而，只有我们冷静下来才会调动理智思考，找到矛盾的实际原因。

在日常生活中，要求别人一直理智而不要直觉地对你发出信号是不现实的。因此，自己不说清楚，又想让人不误会，是不可能的。如果你想要减少误会，更实际的办法是，做一个好的信号发出者，而不是指望对方能读懂你。你无法控制对方的思考过程，但你可以控制的是自己如何表达。

应对之道

被朋友误解，建议尝试以下方法：

确认自己是否说明白了。说话前，把可能引起误会的条件先考虑一下。不要觉得自己这么说，对方一定会明白，一定也是像你这么想的。例如小白，应当看到小李的脸色阴沉，在这种情况下，要考虑小李对他说的话可能会有不同的理解，应当在话语前加一些条件或多问问对方。可以这么说："你似乎有点不那么满意这次的成绩？如果你不满意的话，有没有可能是目标定得高了一些？"话不要说得那么确定，给他人留一些余地。

不要急着辩解。很多人在一开始出现被人误解的情况时，就会头脑发热、急躁、委屈，很想立刻为自己辩解，但效果往往适得其反。因为任何解释在对方不冷静的情况下都是多余的，对方很可能认为你是在找借口，与此同时我们的内心也不会很平静，这时候的两个人是很难将问题解决的。既然如此，一定要给彼此一个时间，这个时间可长可短，至少要在双方的情绪稳定一点的时候再作出解释。

了解误解的缘由。先不要去质疑对方的猜忌，要用宽大的心胸来接纳对方，也给自己一个机会来了解事情的真相。作为彼此的朋友，存在误会属于正常现象，但是作为其中被误会的一方，要有足够的信心来面对朋友的猜忌，并且可以堂堂正正地和对方面对面解决问题。然后找相关的知情人了解情况，看看这个误解是怎么发生的，从谁的口中传出来的，让自己在了解的过程中通过不断收集信息，不断接近事实和真相。

态度真诚，当面澄清。等到双方冷静后，你可以把朋友约出来，郑重地解释一下事情的缘由，面对面进行交流的时候，可以直接看到对方的情绪，自然就能知道对方的态度了。误会并不可怕，怕的是没有解决误会的诚心。要有真诚的态度，如果“误”在自身，诚恳向对方致歉，这种真诚的方法能够从根本上化解误会。“误”在对方，不要“得理不让人”。“误”在第三者，排除干扰。

寻求外部帮助。如果自己无法解决，可以考虑向老师寻求帮助，实在不行的话向家长或学校专职人员求助。在需要时寻求外部帮助也不失为一种可取的方法。很多时候中间人的角色很重要，有“和事佬”在其中做工作，两个好朋友就更容易重新回到之前的亲密关系之中，对于存在的猜忌和误会，也会慢慢消除，甚至可以比之前的关系更好。

让时间和行动来化解。对一些误会太深、无法解释的问题只能等时间化解。被动等待当然是不好的，但是，总有些人太过固执、死心眼，误会产生后不会轻易原谅，那么只好等时间来消除了，也许再经历些事情，再过些时候，看清事情真相后，自然会消除对你的误会。

用实际行动来证明朋友对自己的误会是错误的，不应该猜忌自己。这一点虽然很难做到，但是只要用心、有心，一般都会让好朋友看到自己的真诚态度，在一点一滴的实际行动中，也会看出自己有多么重视这个好朋友。当然，不管遇到什么样的情况，对方怎么对待自己，都不要失去自己做人的底线，不能因为在乎对方就毫无底线去迁就对方，自己并没有做错什么，朋友之间就是公正公平的，大家都是平等身份，即便在乎这份友情，也需要注意自己的原则和底线。

心理小贴士

定势效应

定势效应指人在解决问题时，往往会依赖以往的经验和习惯，倾向于使用以前有效的方法和策略，而忽略了新的情况和变化。有这样一个故事：一个农夫丢失了一把斧头，怀疑是邻居的儿子偷的，于是观察他走路的样子、脸上的表情，越看他越像偷斧头的贼。后来农夫找到了丢失的斧头，他再看邻居的儿子，竟觉得言行举止中没有一点偷斧头的样子了。这则故事描述了农夫在心理定势作用下的心理活动过程。

每个人都生活在自己认为的世界里，总会轻易地从自己的角度去看待并处理事情。所以在生活中我们要尽量避免定势效应，学会多角度换位思考，从而减少误会的产生。

28
上台讲话就表达不顺畅，如何改善？

案例导入

小圆最近因为自己难以表达而苦恼。我们来看看她是怎么说的：因为我的英语成绩很好，老师选我作为下次校园英语演讲比赛的班级代表，但我真的很怕自己把事情搞砸。我感觉自己记不住那么多的单词，我害怕一上台就把所有的单词给忘了，我害怕上台后看到台下乌泱泱的人就紧张，然后就不知道怎么说下去了。

有一次在广场上，被一个“熊孩子”推搡和抢手里吃的，刚想要理论一番，“熊孩子”的妈妈就说：“就是小孩子开玩笑，没什么大不了的，你和小孩子计较什么。”这时，身边涌过来一群观众，我急得不知道该怎么去辩驳。

难以在大庭广众下表达观点给我造成了很多的麻烦，它让我不懂得如何维护自己的权益，如何自信地释放自己的优点，我该如何改善呢？

心理解读

不少人在公众场合会感到难以表达，在表达时感觉开不了口，通常在事后又表现为懊恼、自责和内疚——为什么当时我不能勇敢地说出来。人们常用不自信、害羞等词语来解释这种现象，其实除此之外可能还含有更深一层的心理学解释：第一，怕出现以往出现过的尴尬。试图去摆脱、避免、压抑或者逃离那些不想要的“个人经验”。表达会激发个体的羞耻感受和记忆，这些感受和记忆可能是来源于过去的失败经验（比如小时候在表达后受到父母或者老师的严厉苛责，真诚的自我表达受到抑制），于是学会了通过不去表达来避免这种具有挫败感的经验重现。从短期看，不去表达能减轻心里的焦虑，但从长期看，基于价值观的想法没有得到机会去和他人真诚交流，自己坚信的价值观不能通过行动去维持，容易使人感到更深一层的挫败。第二，夸大事情可能的不良后果。并未专注于此时此刻，焦虑感由表达失败的种种后果填满，过度沉浸并夸大表达的后果，如夸大了演讲失败、反抗他人不合理诉求失败等事情的灾难性后果。第三，所有问题都自己扛。自信心不足的人，更加倾向于将失败归因于自己方面不可控制的因素，如“讲不好，是因为我天生就敏感多疑，胆小”。将成功归因于他人或外部的、不可控制的因素，对未来的成功也缺乏信心，如“讲得好，是因为这些人正好都是我认识的人”。长此以往会遭到巨大的挫败感和焦虑感，并且丧失对自己能够成功做到的信心。

应对之道

针对公共场合表现出的焦虑，建议尝试以下方法：

身体放松法。人在紧张状态下，常表现为心跳加速、交感神经活跃，心理情绪与身体反应同步进行，此时对身体的放松也有助于减轻心理紧张和焦虑感觉。具体有以下几种方法：握拳放松法。将手部握紧成一个拳头，将注意力集中在肌肉紧张的感觉，然后手逐渐放松，感受身体从紧张到放松的过程。推墙法。在演讲等公众发言前，可以面对一堵墙，利用双手使劲推墙，想象自己将压力推出去。

归因训练。进行客观归因，尽量将表达成功归因于自己的掌握度和努力，而不是任务简单和运气，这可以进一步提升自信心，同时促进下一次表达的完成，最终达到目标。将失败的原因归结为内部的不稳定因素，也就是努力不够，这样才能形成对下次成功的预期，不放弃努力并继续学习，争取在今后的学习中取得进步和成功。

社交技能训练。模仿、指导、角色扮演以及训练演讲技能。例如在镜子前面训练自己目光接触和表达的姿势，学习如何发起一次对话；通过观察自己钦佩的具有良好社交能力的人，不断地模仿他，在私密场合对着镜子训练自己的表达能力，逐步扩大到在亲密的朋友面前训练公开表达能力；每次表达成功后，在物质上或者精神上给予自己奖励，比如看一次电影，给自己一段放松的时间，吃一次馋了很久的食物，等等。

心理小贴士

社交技能训练

社交技巧训练是一种高度结构化（模式化）的再教育过程，其范围可包括谈话技术（语言和非语言行为等）、社交分析与觉察技术（专注倾听、问题澄清、情绪识别等）、特殊情境应对技术（如说“不”的技术、表达感受的技术、异性交往等）。一般通过示范、模仿、指导、角色扮演重复、反馈（说明扮演与重复中做得好与做得不好之处）、社会强化（得到他人的言语和非言语的鼓励）、训练演讲技能等过程来学习这些技术。

29 “红眼病”可治吗？

案例导入

欢欢是一名初中三年级的学生，她爱穿着打扮和照镜子，可是学习成绩不好，嫉妒心很重。她的同桌小杨，是一名品学兼优的学生。每当小杨拿到第一名，欢欢不是在背后议论说她提前学过考题，就是说她碰巧做对了。欢欢经常偷偷藏起小杨的本子，使小杨不能好好上课。如果小杨主动为班级作出贡献，欢欢心中会更加难受，在背后说小杨喜欢出风头，表现自己。当班里有同学打扮得比欢欢好看时，她就会不高兴，心里酸溜溜的，背地里说同学的坏话。时间一长，欢欢的嫉妒心越来越重，谁比她好，她就会记恨谁，不但在背后说别人坏话，还气得自己彻夜难眠。对此，欢欢也感到十分痛苦。

心理解读

嫉妒是个体的一种主观上的、负面消极的，甚至抱有敌意的情绪，是人们在对自己与他人的主观距离价值进行认知比较时，感觉自身受到威胁时所产生的一种负面体验。嫉妒既无法在客观上使自己提升，在主观上也严重影响自己的心理健康。在案例中我们可以看到嫉妒心理对欢欢的消极影响，怨恨、愤怒、失眠等都随着嫉妒袭来。

嫉妒在心理学中有以下几种解释：

心理动力学认为嫉妒是儿童时期心理创伤的再现。心理学家弗洛伊德于1922年首次提出了嫉妒理论。他认为嫉妒是儿童时期心理创伤的再现，因为每个人儿童时期不同程度的焦虑、恐惧等心理体验会沉淀到潜意识中，在合适的情况下，由深层潜意识进入到意识的表面。由于儿童时期的焦虑与恐惧是普遍存在的现象，因此，嫉妒也是普遍的、不可避免的。

弗洛伊德将嫉妒划分为三个层次：竞争性的嫉妒、投射的嫉妒和妄想的嫉妒。竞争性的嫉妒是指一个人在竞争中失去所爱的对象而产生的一种心理体验。投射的嫉妒指的是嫉妒者通过自己对现实事件或对不忠实行为的观察，由嫉妒者投射到嫉妒对象身上的过程。妄想嫉妒的发生机制是：在对同性吸引力排斥的认可中，将其投射到异性身上，进而引发嫉妒。

社会生物学认为嫉妒是一种保护本能。根据达尔文提出的进化理论，人们对嫉妒的认识是建立在“进化”基础上的。从理论导向来看，它主要有两大理论依据：一是“嫉妒演化”，即嫉妒是一种保护本能，而“人”与“兽”共同存在的嫉妒则为嫉妒的形成提供了佐证；二是“性别差异演化理论”，由于男女在进化水平上不断提高，他们在生理、心理等方面存在着显著的差别，因而有了不同的嫉妒表现形式。嫉妒差异产生的原因，除性别演化外，还包括社会发展过程、群体发展过程、个人发展环境等。从产生倾向的角度来看，根据社会生物学的相关理论，嫉妒是一种出于自卫的本能或保护的反应。

社会心理学认为嫉妒无处不在但有差异性。不同的文化会产生不同的嫉妒环境，而在不同的文化背景下，人们对嫉妒的心理与行为也会产生不同的反应。嫉妒具有文化差异性和普遍性。用通俗的话来说就是嫉妒无处不在，但造成嫉妒的原因却因不同的文化而不同。嫉妒既是人类普遍存在的一种心理现象，又是一种深植于人类文化之中的社会现象。

行为主义理论认为是因为得到了好处才让人学会了嫉妒。行为主义理论认为嫉妒是通过后天的学习获得的，并通过行为观察来研究嫉妒。根据行为主义理论，嫉妒往往是由于不恰当地学习而产生的，产生嫉妒的原因与对策应该从现实的情境中寻求。嫉妒又分理性与非理性两个层次，理性的嫉妒有事实依据，例如被嫉妒的人在某一方面的确胜过自己；然而，没有理性的嫉妒仅仅是个体的一种幻想。

应对之道

当个人有嫉妒情绪时，建议尝试以下方法：

正确认识嫉妒。嫉妒是一种人类普遍存在的负面情绪，并不是你自己独有的。嫉妒大多是出于缺乏社会支持和人际关系之间信任度不够，发展良好的人际关系，提升与他人的信任感能有效减少自己的嫉妒心理。

宣泄负性情绪。嫉妒情绪同焦虑、恐惧、愤怒、厌恶等情绪一样，是一种负性情绪。对于负性情绪，如果不进行调节，过分压抑自己，就会影响身心健康，嫉妒情绪也不例外。适当地疏导和释放自己的负性情绪，可以有效地缓解和放松紧张情绪，让自己的情绪回归到正常的状态，从而保持身心健康。宣泄负性情绪的方法很多，例如：适当地大哭、向他人倾诉、尽情地喊叫、适当地运动等。

停止拿自己和别人比较。通过比较自己和他人的处境获得的满足感是短暂的，马上又会被那些我们认为比自己好的人和事比下去。心理研究发现，人们分为两种比较取向，一种是社会参考取向，和社会平均水平比较；另一种是个体参考取向，和自己过去的成绩比较。前一种比较体系下，我们经常对自己的生活不满意而沮丧，或者是嫉妒他人；后一种体系下，我们能清楚地看到自己在一点一点地进步，而会有更好的生活满意度。

想想嫉妒想告诉你什么。嫉妒是想告诉你在哪些地方觉得自己不如别人，哪些人其实是你很重视的，哪些性格和特质是你重视的，哪些东西是你害怕失去的，如果是的话，那你为什么重视这些东西呢？

心理小贴士

如何做到见贤思齐？

知贤才能见贤。知道贤者的标准，就不会嫉妒。贤者首先不为物质金钱所惑，有独立的思考能力和自省能力，知道自己是谁，知道自己能做什么不能做什么，能见天地万物，知生死、知荣辱、知得失。

知贤才能思齐（看齐，学习）。当真正地看见了贤者，还要知道他是怎么一路过来的，思考贤者的方式哪些是自己可以“齐”的。

30 异性交往如何把握分寸？

案例导入

小忠是一名初中一年级的学生。他性格腼腆、害羞，从第二个学期开始，他就对班级里的一位女生有了好感。他每天上课都会走神，注意力全都在这位女生身上。不管是在生活中还是学习中，小忠的眼神总是忍不住跟随着这位女生。在小忠的心目中，这个女孩已经是被奉为“女神”般的存在了。对于和她亲近的男生，他也会忍不住嫉妒。为此，小忠的成绩一落千丈，他很苦恼，不知道应该怎么办。

心理解读

小忠的行为是典型的异性交往心理偏差行为。异性交往心理偏差指在异性交往过程中出现的轻微又普遍的心理问题，具体表现为自卑、嫉妒、敌意、退缩、敏感、过分害羞、过分关注等。异性交往心理偏差分为认知失调、负向情绪、行为障碍三个维度。认知失调具体表现为对异性交往功能、择友标准存在误区等；负向情绪具体表现为抑郁、自卑；行为障碍具体表现为退缩、交往方式不当。

初中生与异性交往时的常见问题有以下几种：

对异性交往的认知有偏差。经调查，有20%左右的初中生将异性同学之间的正常交往看成是男女生之间的恋人关系。有部分学生持传统的交往观，即男女之间应该保持尺度、分寸，最好是不要接触；另一部分学生则持有另一种完全不同的态度，认为异性交往应当亲密无间，与同性交往一样。

交往动机不纯。初中生与异性交往的动机各不相同，通过一项问卷调查发现，个别初中生与异性的交往是为了打发时间、故意叛逆、盲目跟风或者要与其发展恋人关系。初中生的生理处于快速发育阶段，身体激素分泌旺盛，对异性的好奇心越来越强烈，容易混淆爱情与正常生理反应之间的差异。

择友标准单一。初中生在择友标准上，对异性的幽默感、身高、外形这几方面最为注重，对学习成绩和道德品质的关注相对较少。子曰："视其所以，观其所由，察其所安。人焉廋哉？人焉廋哉？"意思是说：看一个人的所作所为，考察他处事的动机，了解他的心安于什么事情，这个人的内心何处藏匿呀！这个人的内心何处藏匿呀！不但需要听其言，观其行，察其貌，定其行，而且需要溯其源，求其根，寻其本，定其位。这句话告诉我们看待朋友要从各个方面综合来看，当然，什么时候都要把人品放在第一位。

无法把握交往尺度。不会适度地交往，一种表现在不交往，另一种就是过度交往。首先，部分初中生回避或拒绝和异性交往。他们认为和同性交往更有话题、更愉悦，和异性交往很麻烦或者容易产生矛盾。其次，部分初中生不会处理和喜欢自己的异性之间的关系。当有异性向自己表达爱意时，一部分初中生会采取比较极端的方式，就是拒绝与其交往，不会正确处理和异性的关系。最后，部分初中生和异性交往过密。部分初中生和异性交往的频次、程度都过高，但是这种现象还处于一种抑制的状态。和异性交往过密的初中生，因为种种因素不敢在家长和老师面前表露心声，所以行为隐蔽而含蓄，但是又因为青春期以及性格的原因，这种感情又常常是率直而外露的，这种情感稍加一些冲动和不理性，就会发展成“早恋”。

应对之道

初中生在异性交往中如何把握好尺度，建议做如下尝试：

树立对待异性交往的正确认知。摒弃原本对异性交往的偏见。异性交往有利于学习上的共同进步。男生和女生在擅长学科、思考方式、做题思路等方面都有较为明显的差异。比如男生抽象逻辑思维能力、概括能力较强，女生则具体形象思维能力、表达能力较强；男生在数学推理、空间想象方面略胜一筹，女生则在英语识记和语言语法的掌握上更为擅长；男生在做题的过程中更喜欢标新立异、寻找新思路，女生则更注重稳中求胜。

把握适度的人际交往距离。社会心理学家曾经对人与人之间的人际距离进行了研究，将0.5米之内的距离称之为亲密距离，只有比较亲密的人才能进入这个区域。如果双方并不是很熟，但对方却突然出现在你的亲密距离内，双方都会感到很不自在。0.5～1.2米，我们称之为“个人区域”，也就是普通的同学或朋友交往的区域范围。

丰富课余生活，培养良好的人际关系。教师可以带领青少年参与丰富多彩的、有益身心发展的集体活动，比如读书文化艺术节、运动会、学科知识竞赛、中华诗词大赛等，为男生和女生之间搭建一个共同交流、共同进步的平台，使学生能够有更多机会认识异性。通过在每次活动中的合作、竞争，使得异性在每个学生眼里不再神秘，和异性交往这件事在每个学生眼里不再敏感而变得日常，也能够习惯来自异性的欣赏、认同或者是批评、反驳。受这样的氛围熏陶，能够使性格内向、不敢和异性交往的学生学会表达、敢于交往，克服心理障碍；还能够使一直对异性好奇，或有恋爱倾向的学生进一步认识异性，掌握正确的和异性交往的方式。

心理小贴士

影响友谊的因素

影响友谊的因素有自我监控、亲密需要和自我概念等。自我监控水平高的人倾向于构建广泛的社交网络。亲密需要高的个体往往更注重人际关系。独立型自我概念者往往把自己看作独立自主的个体，而互依型自我概念者更倾向于建立友谊关系。

31

“早恋”何去何从？

案例导入

小A是一个活泼开朗的女孩，她的成绩一直很好，与班上所有同学的关系都很好，老师和同学们都非常喜欢她。但在初中二年级的下学期，她的成绩急剧下降。她上课不专心听讲，经常照镜子，不是整理衣服，就是梳理头发，作业也不认真做，也不像以前那样认真对待课代表的工作。一位同学向班主任报告说，小A经常在放学后等一个同年级的男生一起回家，并经常在午餐时和那个男生一起坐在食堂里吃饭。老师了解情况后找到小A，没有责骂她，而是耐心和她交谈。渐渐地，小A向老师敞开心扉，告诉老师她和那个男生住在同一个社区，他们经常在路上相遇，但并不认识。突然有一天，那个男生说喜欢她，想和她在一起，她认为这个男生很英俊，成绩也不错，所以答应了。

心理解读

青春期不仅是学生生理发育、智力发育的高峰期，也是性成熟发展的关键期。青少年在惊讶自己身体急剧变化的同时，也有着强烈的好奇心。案例中的小A就是处在对异性好奇的年龄段，加上心智发育不够成熟，甚至在互相不认识的情况下，答应和男生在一起，把自己的重心放在了“早恋”上，而忽视了学习。这种以两性之间的自然的吸引力为基础的感情是高尚的，是学生达到一定年龄阶段的正常心理反应。但是青少年沉迷其中，发展为“早恋”，把自己的生活重心放在恋爱上，极有可能会阻碍自身身心的健康发展，还会阻碍对方身心的健康发展，甚至可能导致悲剧的发生。

应对之道

如果“早恋”了，青春期的学生首先要考虑这段恋情是否会让双方变得更好。在案例中，小A明显因为“早恋”而整个心思都不在学习上，学习成绩也急剧下降。

端正态度，自然交往。在班级里，不仅是同性之间，异性之间也有友情。初中生要以平常的心态对待与异性同学的交往，要自然大方，不要引起误会，不要害羞，更不要神秘。初中生在这个阶段，首先应该正确地认识自己的情感，分辨清楚友情和爱情；其次，初中生也处于人生的一个重要转折阶段，重心应该放在学习上面，让自己慢慢地建立一个正确和完整的三观，形成独立的辨别能力，不轻易尝试自己不清楚的事情。总而言之，初中生要学会保护好自己、提升自己。

避免单独交往，要广泛接触。广泛接触异性，有利于深入了解异性，学会识别才能甄别。有的人长得帅气、美丽，但也许不真实；有的人学习成绩优秀，但也许恃才傲物，思想空虚……所以，初中生要客观全面地看待异性的优点和缺点。

疏而不远，适度交往。在和异性交往时要把握好尺度和方式，在交往时切忌让对方感觉到过于亲密以及引起情绪波动的接触。如果在交往中发现对方的“苗头”不对，要及时调整自己的状态，正视自己的内心，这样更利于成长。

要留有余地尊重对方。同学之间的交往应该尊重对方的人格和尊严，不说冒犯尊严的话，不做冒犯尊严的事情。尊重差异，不强迫对方改变性格、爱好等，而是试着适应对方。与同学们相处时必须学会爱自己的名誉，爱自己的性格和个性。知道如何去爱自己才能获得对方尊重。

发展广泛的兴趣和爱好。多参与集体活动，从活动中陶冶情操、调节情绪、丰富精神生活，以弥补暂时的精神空虚。在与异性相处中萌发爱意时，能够及时调整好自己的心态，将对异性的爱慕转变为学习进取的动力。

适度交往，不碰红线。爱情的过程也是学习承担责任的过程，青春期的爱情要认识到青春期恋爱的原则和底线。这些原则和底线是：双方要真诚地对待彼此的情感，把自己变得更好，不伤害对方；管理好时间，不要为此耽误自己的学业，影响生活。

心理小贴士

吊桥效应

吊桥效应是指当一个人提心吊胆地过吊桥的时候，会不由自主地心跳加快。如果这个时候，碰巧遇见一个异性，那么我们可能会错误地将环境引起的心跳加速，当作是对对方的心动感觉。

这是因为情绪受到了认知的影响，在吊桥上，由于危险的情境，人们会不自觉地心跳加快，错把由这种情境引起的心跳加快理解为“对方使自己心动而产生的生理反应”，故而对对方滋生出爱情的错觉。

32 与人说话时脸红心跳怎么办？

案例导入

小刘是一名初中三年级的女生，今年15岁了。她性格内向，与他人交谈时，总是不敢直视对方，眼神躲闪，给人一种像是做了亏心事的感觉。一旦开口说话，她的脸就会变红，心跳加速。她不愿意与班上的同学接触，因为她觉得别人讨厌自己。小刘也害怕老师。上课时，只有在老师背对学生的时候，她才不会紧张。只要老师面对学生，她就不敢注视黑板的方向。由于紧张，她经常对老师讲的知识点不理解。她觉得在任何人面前说话都很不自然，而且克制自己的紧张感只会让她感到更加紧张。小刘除了从不与同学交流外，还避免去公共场所和社交场合，一旦在公共场所，她会感到被大家注视，导致她很尴尬。她明白这是一种不健康的状态，但却无力摆脱，无法与人正常交往。她与同学的关系并不融洽，没有亲密的朋友，学习成绩也处于中下水平，这让她深感苦恼。此外，父母对小刘要求很严格。小刘曾经因考试成绩不理想，被父亲打骂，至今她想起来还非常害怕。除了在校园与家中，小刘很少外出游玩，很少与异性交往，因为父母禁止小刘与男同学交往。

心理解读

社交焦虑，害怕别人说自己不好或不行。社交焦虑是指个体在多种社交场合中因害怕自己的言行会引起他人负面评价而产生的显著害怕或焦虑的情绪体验。在社会评价情景中，社交焦虑个体会将周围人看作自己的观众，这些观众时时观察他的外表、言语和行为，同时认为这些观众的本质是喜好评论的，可能会对自己进行负面评价。对于社交焦虑个体来说，最危险的刺激来自周围的观众，最可怕的结果是来自周围观众的负面评价。由于存在认知偏差，受到社交焦虑问题的困扰，因而人们会不自觉地采取自我保护机制。过度的自我保护会导致显示出来的自我与理想的自我冲突，并表现出焦虑等心理症状。

早期创伤经历，可能遭受过过多的严厉训斥甚至是打骂。在人际互动中，人人都有三种基本的需求，即被接纳的需求、包容的需求和情感的需求。这些基本需求决定了个体在人际交往中的行为方式，以及对他人行为的描述、解释和预测方式。这些基本需求的形成与个体的早期成长经验密切相关。小刘由于早期被父亲打骂的成长经验，形成了胆怯的性格，对人际交往采取被动态度。

缺乏社会支持，在敏感出现时没有人帮她一把。每个人都希望构建积极的人际关系，在压力环境中，关心、关怀和亲密互动被称为“支持”。由于小刘早年的经历，她在人际交往方面并不擅长，与同学之间的关系也并不好。小刘缺乏一个能够给她提供支持的社会网络，并且她也不知道如何与他人进行沟通，因此导致了她的人际敏感。

应对之道

人际敏感如果影响大，可以直接求助校内外的心理咨询师；如果影响不大，也不必过分在意。当然还可以从以下几方面适当做些努力：

改变对消极交往事件的负面想法。其实很多恐惧是想象出来的，并没有事实作为根据。比如当事人认为他人很关注自己，其实他人并没有把当事人当作注意的焦点；当事人认为他人会说自己的不好，其实他人就没有想过要说什么；当事人可能事后会反思哪句话说得不好，下次自己可能会犯同样的错误，但他人其实并不在意。总之，别人可能没有时间把我们当成他们生活的主角，但人际敏感者却把别人的眼光当成了生活的重心。

社交实践脱敏训练。首先，确定一系列行为目标，使得社交场景逐渐从紧张转变为轻松。然后，根据情况进行训练，将这些目标按照难易程度进行排序。通过逐个完成社交实践技能训练，每个目标都能达到轻松自如的水平后，再进行下一个更具挑战性的练习。每天根据焦虑程度进行逐级想象和脱敏练习，同时注意自己的情绪和生理反应，在适当的时候暂停想象并进行放松。具体步骤如下：

第一步，学习肌肉放松训练，每次20～30分钟，每天1次，做两三天即可。

第二步，学习腹式呼吸，每次约30分钟，每天1次，做2天即可。

第三步，想象社交焦虑情境，进行两种放松训练的脱敏练习，和自己的支持者讨论两种放松训练的效果。

第四步，讨论、制订日常社交焦虑的三种情境（向陌生人问路；下课与陌生同学聊天；班会发言），通过想象结合放松练习（自由选取两种放松练习中的一种）逐级脱敏。

第五步，模拟班会发言。首先逐级想象脱敏，然后现场脱敏。

第六步，一般交往模拟。首先逐级想象脱敏，然后现场脱敏。

第七步，模拟演讲，与支持者讨论并总结。

观察别人和写观察日记。观察别人各做各的事，各忙各的，并不特别关注自己，也不在意自己的行为，这些观察结果能够增强信心。可以有意地观察那些人际交往比较自然的人的交往行为，记录下来，供自己学习。

心理小贴士

“社恐”不是“社交恐惧症”

人们常说的“社恐”是指个体担心到社交场合和社交情景，面对公众的关注，且在参与社会活动时表现出羞怯、不安的社交焦虑或害羞的情绪反应，这种现象在普通人中很常见。

社交恐惧症则是一种焦虑障碍，个体到社交场合会引起强烈的恐惧情绪，显著而持续地担忧在公众面前可能出现丢丑或有尴尬的表现，担心别人会嘲笑、负性评价自己，在别人有意或无意的注视下，就更加拘束、紧张不安。因此，伴有社交恐惧症的人通常有反复和持续的回避行为，个体具有明显的痛苦感，担心、恐惧、害怕、紧张，并且这种恐惧或焦虑超过了正常水平。

第三篇
积极成长

33 “脾气大王”可以做到适可而止吗？

案例导入

作为初中生的小梅，脾气十分暴躁，只要稍微有点不如意，就会暴跳如雷，很难控制自己的愤怒情绪。在学校值日打扫卫生的时候，她没有把清洁工作做好，不是埋怨扫把坏了，就是对着扫把大发脾气；走路摔跤都会生路的气，怪路崎岖不平；在家没把家务做好，会把碗和杯子摔在地上；即使是写字的时候，她也会把铅笔和笔记本扔在地上。班里的人都叫她“脾气大王”。为此，小梅也很是烦恼。

心理解读

愤怒（生气）是在受到某种刺激后，产生的一种强烈的、不满足的或悲痛的情绪反应。它是一种普遍的、持续的、敌对的心理状态，是个人对感知敌意的一种最直接的反应。愤怒分为状态愤怒（短期的生气情绪）和特质愤怒（长期容易生气的习惯性行为风格）。与当前情境相关的短暂的、反应性表现形式即状态愤怒；如果是一种会产生频繁、强烈情绪的性格倾向，即为特质愤怒。我们可以看到，小梅属于特质愤怒，即在各种情境中的挫败情况无差别地感到愤怒。

愤怒主要与个人经历和解决问题的办法（应对方式）有关。

经历伤害事件多者更易生气。受伤害经历作为个体的负性生活事件，与愤怒有着密切的联系。有研究表明，负面的生活经历如贫穷、疾病、家庭冲突、暴力等会增加青少年在生活中遭遇挫折的可能性。很多青少年在成长过程中会认为那些负性生活事件是生活强加给他们的不公平对待。因此，在他们日后的行为、社交等方面可能会频繁产生愤怒情绪。

对伤害事件的解释和应对消极者更容易生气。对负性生活事件的认知与应对：在相同的生活事件面前，有些人愤怒而有些人不愤怒，这是由个体对生活事件的认识评估所决定的，当一个人认为某些事情会妨碍他的意愿时，他就会很容易变得愤怒。

从应对活动的指向性来看，可以将其分为两种类型，分别是针对问题的应对和针对情绪的应对。从对健康产生有利或不利的影响来看，可以将其分成两种类型，一种是积极应对，一种是消极应对。正面积极的应对是减轻心理压力的重要途径，而负面消极的应对则会加剧压力，危害个体的身心健康。比如，个体在受到伤害后，有人试图改变客观事件的后果；有人产生过度愤怒的情绪，进而可能采取报复手段；有人采取自责、退避、幻想等消极的应对方式；也有人采用寻求公正、选择宽恕等积极的应对方式。当然，愤怒还与个人的个性特点，如情绪稳定性、自我控制能力等密切相关。

应对之道

生气的时候，建议尝试以下方法：

暂时离开愤怒情境。愤怒是一种能量很大的情绪。如果一直待在争吵或冲突的情境中，因为刺激一直在，可能会诱发更大的愤怒，造成不良的后果。例如跟同学在教室中争吵而生气，可以暂时离开教室，到操场走走，千万不要选择在教室里继续与同学争吵。

放松，在生理上平静下来。愤怒会使个体出现全身肌肉紧张、心跳加快、血压升高等生理反应，严重时可能导致头痛、胸痛等症状，这些身体上的反应又会加强愤怒。所以离开使人生气的地方和人时，我们的生理反应可能还一时平复不下来，这时就可以采用一些方法使自己平静下来。例如深呼吸，又如关注“五感”（视觉、听觉、味觉、嗅觉、触觉）与可触碰的物品，慢慢平静下来。

旁观，在心理上安稳下来。愤怒会使人失去理智。适当地从旁观者的角度对自己进行观察和提醒，能让自己的心安稳下来。例如，给自己的生气打个分。假如0表示不生气，10表示非常生气，现在自己可以给自己的生气打多少分？又如，在心理上不断变换生气的对象，具体可见本节“心理小贴士”。再如，坚持“三个十”法则。即想象自己在愤怒十个小时后会怎么反应，十天后会怎么样反应，十个月后又会是什么反应。

利用“选择轮”决定合适的行为。建议每个人给自己做一个类似“幸运选择轮”的转盘，上面写好你平时认可的且非常合适应对生气的方法和行动。如“到自己能冷静的地方去”“联系能使自己冷静的人”“分析自己是因为个人的偏见生气还是完全是出于自保生气”“非暴力沟通”等。

心理小贴士

在心理上变换生气的对象

有很多生气是因为我们对生气的人有刻板印象或成见。如果我们把生气的对象转换为不会生气的对象时，我们可能就不会生气了。例如，桌上的水杯砸到了脚我们不生气，当有人不小心踩到了我们的脚，我们可以先想象砸到我们脚的是那个杯子，或都是妈妈不小心踩的，我们就能立即不生气。在此，我们也可以明显看到自己的成见：别人是故意踩我的，想挑衅我。

34 盲目追星不可取，榜样学习很有益

案例导入

小吴，女，15岁，初中三年级学生。小吴来自单亲家庭，其父亲为了生活一直忙于在外做生意。小吴从小就和奶奶相依为命，缺乏父母的关爱和照顾，其父亲觉得亏欠小吴，所以对小吴很溺爱。父亲、奶奶的溺爱使小吴养成了随心所欲的性格，且小吴在家非常强势，父亲和奶奶一对她进行教育，她便大喊大叫，并称是因为自己没有完整的家庭才会心里空虚，导致成绩不好。

后来，小吴的爸爸投资获利，她家的经济条件得到了极大改善。此前，小吴仅限于通过电视节目、报纸杂志和社交软件等平台追星。这之后，小吴便开始听演唱会，沉迷于和明星近距离见面而无法自拔，甚至开始追着明星走。只要是明星要去的地方，她就经常旷课，买车票、预订酒店，去外地追明星，还参加各种跨市、跨省追明星的活动。小吴的爸爸忙于生意，加上总觉得小吴缺爱，因此对小吴花钱、花时间追星的行为不闻不问，不管小吴花多少钱都给予支持，甚至还帮她跟老师请假。

自从小吴开始盲目追星，她在网络上的朋友越来越多，在学校的朋友越来越少。尤其是在经常旷课之后，学校的同学们经常议论她、疏远她，小吴看在眼里，更不愿意去学校上课了。小吴的学习成绩一落千丈，学校的老师们也对她经常旷课的行为很不满。学校认为，小吴的行为不仅违反了校规、校纪，时间长了也会给其他同学带来不良影响，要求她立刻改正，并通知其家长协助教育小吴，否则将开除其学籍。

小吴自述：以前我不是这样的，虽然不算优等生，但成绩也在班级中等水平，而且还是课代表。现在连书都看不下去，更别说参加考试了。爸爸从来不管我的学习，以前在学校我挺受同学们欢迎的，老师也喜欢我，但是现在，班里的同学都在背后议论我，我怕我要是考不好，他们更有把柄说我了。同学们的议论也是我不愿意回学校上学的原因之一，我觉得自己就是学校里的“笑话”。

心理解读

追星是青少年乃至成人都普遍存在的现象。如果不过度的话，不算是问题。但像小吴这样严重影响学习和生活，那就是过度了。青少年相对来说更容易被各种明星所“迷”，原因在于：

寻求自尊和认同感。很多狂热的追星族是从十几岁开始的，这个年龄段的青少年正处在自我概念形成的时期，而一起追星的伙伴及明星本身可以带给他们认同感和亲密感。在当下社交环境中，青少年会在同级圈子里进行比较，从而获得自尊，提升自我认同感，没有好的引导就容易走向极端，出现追星族之间的谩骂等行为。分类、认同、比较等行为会让追星族的认同感越来越强，而追星族与“偶像”之间建立的联系可以在心理上形成一种奖励机制，就像“我为我偶像做了什么，我就会离他越来越近”“购买偶像代言的产品和专辑是在帮助他打榜”“偶像在哪我就在哪，他的成功里也有我的一份努力”。当小吴在现实生活中缺乏健康的亲密关系、家庭关爱和社会支持，难以在现实生活中建立和谐的人际关系时，恰好有的明星“偶像”的形象塑造也迎合了吴某的需求，填补了吴某心中的情感缺口和期待，于是吴某将现实生活中实现不了的愿望寄托在了偶像身上。

归属心理。马斯洛提出了关于个人成长过程中著名的“需要层次理论”。他认为人是有需求的，归属感和爱的需要是青少年要面对的最主要的问题。青少年生理及心理的发展处于“心理断乳”阶段，主要表现为情绪的波动性和与父母关系的疏远性，自我意识和社会现实之间的冲突，等等。追星族人群中有感受相同的同龄人，他们可以沉醉于明星们的音乐、影视或电影和其他活动中，得到一种暂时的心灵安慰。所以从这一点看，崇拜明星也是青少年孤独心理的一种反应。

家庭监护人的心理影响力不足。家庭监护人对子女的心理影响力是指，并非通过一些外在强制的语言、命令、钱财等物质力量去控制孩子，而是通过良好的抚养，让孩子产生依恋，形成一种心理依恋情感，让孩子乐于接受你的要求、信任你的话、听取你的意见。养育依恋期是0～12岁，青春期是12～18岁，这两个时期发展的心理内容是有所不同的。依恋期最主要发展情感、言语以及社会性认知方式观念、性格能力等，青春期则是更多地追求自我发展，包括自我意识、性意识、自我价值观，还有向群性和结交密友。家庭监护人如果错过了孩子的依恋期，处于青春期的孩子就会用他们自己的认知去追求他们的价值，比如把追星当作人生的意义等。案例中的小吴，正是因为在追求人生意义的时候没有及时出现正确的引导人，变得越来越痴迷追星。

应对之道

针对盲目追星的问题，如果学校和社会也共同努力解决的话会更好。现从学生的角度以及老师和家长的角度谈一谈如何避免追星的负面影响。

学生的角度。从盲目追星到榜样学习，学生应思考明星是如何成功的，追星不能只追明星光鲜亮丽的外表，只看明星的风光荣耀，还要对明星进行榜样审核。要确定他值不值得你学习，特别是要去看你追的这位明星是否有违法和违背道德的经历，不能盲目崇拜。要进行正确的榜样学习。不要只看明星表面的风光，要对偶像的成功形成科学、合理的认识，充分发掘偶像为实现自己的理想目标付出了哪些努力，经历过哪些挫折，以及他面对困难时是如何应对的，从而认识到偶像也是通过自己坚持不懈地努力才能达成自己的目标的。

青少年可以多发展兴趣爱好，如唱歌、跳舞、游泳等，这样可以适当降低青少年崇拜明星的兴趣，将时间和精力转化到积极有益的兴趣上。在发展兴趣爱好的同时，还能结交有同样兴趣爱好的朋友，生活会变得充实而又快乐。

老师和家长的角度。在初中阶段，随着年龄的增长、心智的成熟，青少年逐渐从心理上感觉自己是一个比较成熟稳重的人了，所以就想极力摆脱老师和家长的束缚，想去获得一种自由感，这也就是我们常说的“心理断乳期”。这一时期，老师和家长在他们心中已经不再具有权威感，反而偶像在他们心中的地位越来越高，所以就对偶像产生了一种崇拜感。

作为老师和家长应该了解初中生这一特殊时期的心理反应，明白在他们的群体中，追星一种非常普遍的现象。日常教育、教学中，应注重培养初中生健康向上的内在价值观念和人生追求，尤其应当关注男女青少年不同的发展特点，在其建立自我认同的过程中，给予适应不同性别角色的偶像崇拜的引导，促进初中生身心的健康发展。老师和家长还应该多和学生沟通交流，尝试了解他们所崇拜的偶像，多和他们讨论有关偶像的话题，帮助他们分析偶像身上值得学习的地方，不要武断地认为偶像就一定一无是处、不值得学习，不要一味地认为偶像崇拜一定会耽误学业，不应该强制性地责令他们放弃对偶像的崇拜。作为家长和老师应该理解和尊重学生的选择，循循善诱。

心理小贴士

光环效应

光环效应又称“晕轮效应”，是指在人际知觉中所形成的以点概面或以偏概全的主观印象。即人们在评价他人时，往往会受到某一特定特征的影响，从而将这个特征的印象扩展到其他方面，使整体评价受到影响。人们常说的“爱屋及乌”“情人眼里出西施”就是光环效应在日常生活中的体现。也许明星本身并不特别，是你的爱让他看起来闪闪发光。

35 怎么看长相问题？

案例导入

初中一年级学生小王的困惑：有一个问题困扰我很久了，我觉得自己长得不好看。自从上初中后，我发现班上的女同学越来越注重自己的外在形象了。比如，班上那几个像白天鹅一样漂亮、骄傲的女生，不管走到哪里都有一群人跟着，可受大家喜欢了。而我呢，就是一只丑小鸭，不但个子很矮，皮肤还特别黑，脸也特别大。所以，每次照镜子，我都为自己的样貌烦恼不已，责怪老天爷对自己不公平。在同学们面前，我总是不由自主地低着头，从来不敢主动和别人交往或者说笑，自卑极了。初一都快结束了，我也没什么朋友，除了偶尔和同桌有一些交流外，和其他同学之间几乎都没有什么来往。我真的不想这样子，但是，我也不知道该怎么办才好。

心理解读

处在青春期的孩子，由于生理和心理的变化，开始对自己的外在形象越来越关注。比如男生比较关注自己是否强壮，而女生则对自己的相貌和身材关注居多。这是一种十分正常的现象。

在案例中，小王处于青春期，开始关注自己的外貌，同时会与身边同学进行比较。当她发现自己的外在形象存在不足的时候，就会变得特别的自卑与敏感，背上沉重的心理包袱，以至严重影响正常的学习和生活。青春期的学生很多时候只看到自己不好的地方，用单一维度评价自己，用自己的短处和他人的长处比较，害怕他人对自己容貌的负面评价，进而形成一种补偿心理，想要尽力弥补，由此产生焦虑和自卑。这样的评价具有主观性。大量的研究发现，自我客体化（个体从第三者视角，将自己当作一个物品来观看和评价自己的外貌，这是一种片面的自我认识）会导致个体习惯性地进行自我身体和外貌监测，还会引起一系列的消极心理后果。所以，当认为自己长得不好看的时候，自卑的烦恼就跑来了。

应对之道

适度关注相貌对于初中生来说是合适的。但是花太多时间在打扮和思考自己如何可以长得更漂亮一些，以致影响学习和心理健康，那就应当作一些调整了。建议如下：

美有千面。自我认识的尺度应该是多层次的，可以从身体（外貌、健康等）、社会（品德、奉献等）和心理（创造、情商、逆商等）多个层次了解自己。避免对外貌的过度关注，特别是不能把自己的外貌当作物品一样来评价。每个人都有自己独一无二的特点，美有千面，不应该被定义。美不单单可以指外貌，也可以指个人品质等。对美的更高追求是内在美，是发自内心的、心灵上的美。我们常说的“最美教师”“最美逆行者”，也不是因为他们的外貌，而是他们崇高的精神使他们受到全国人民的尊敬。

我们愿意和别人交朋友也一定是因为对方的品质、才华、人格魅力而不是因为外貌。德有所长，形有所忘。所以，我们应当从多个角度看待自己，发现自己的独一无二之处和闪光点。

和过去的自己比。摒弃和别人比较的思想，应该和过去的自己比较。每个人的优势不同，“山外有山，人外有人”，所以不要和别人比较。昨天的自己就是一个很好的标准，相比于过去的自己有所进步，这就是一件了不起的事。找到自己人生的志趣，为社会创造价值，为理想而奋斗的人就是最美的人。

接纳自我。每个人的容貌都是天生的，不是自己能够决定的。我们需要把更多时间放在自己能够决定的事情上，比如个人魅力、能力、品格等，这些才是难能可贵的。因此，青少年应当培养发现自身优点和长处的能力，学会客观地评价自己，接纳自我。接纳自我意味着无条件地接受自己的各种情况，包括好的与坏的、成功的与失败的。我们要把更多的精力放在提升自我、超越自我上面。

探索独特美，塑造自我价值观。尝试在纸上写下一个你最喜欢的自己的身体部位和一个你希望改变的身体部位，并且写下一件让你感到骄傲的事。当你获得最希望改变的身体部位，你的生活会有什么积极改变？如果没有最喜欢的身体部位，你还能完成哪件让你感到骄傲的事？所以多跟自己对话，问问自己是谁，你想要的是什么，这是你真实想要的选择吗，你是否会坚定地坚持这个选择，你愿意为此付出多少努力，你是否愿意放弃其他事物来追求这个选择，最重要的是，这个选择是否能带给你真正的快乐。只有当所有问题的答案都是肯定的时候，你才能真正了解并接纳自己，而此时外界的评判对你已经没有任何影响了。

心理小贴士

“镜中我效应”

有社会心理学家认为，人的行为在很大程度上取决于对自己的认识，而这种认识主要是通过与他人的社会互动形成的。他人对自己的评价、态度、反应等，就像是一面镜子，个体从中看到自己的形象，进而形成对自己的认知。“镜中我效应”在长相自卑中表现得尤为明显。长相自卑的个体常常过分关注他人对自己外貌的评价，将这些评价作为自我认知的重要依据。他们可能会因为一次不经意的嘲笑、一个冷漠的眼神或一个微妙的表情而陷入深深的自我怀疑和自卑之中。这种负面的自我认知不仅影响他们的自尊心和自信心，还可能导致社交回避、情绪困扰等问题。因此，对于长相自卑的个体来说，认识到“镜中我效应”的消极影响，并学会以更加客观、全面的方式来认识自己是非常重要的，这部分个体可以通过培养批判性思维、关注个人成长、寻求社会支持等方式来逐步摆脱外貌的束缚，建立健康的自我认知和自我价值观。

36 父母过度保护，如何快速自立？

案例导入

萌萌今年13岁了，读初中一年级。刚开学时她很焦虑，因为来到了一个新环境，第一次离开了爸爸妈妈住在学校。萌萌现在总是觉得心情很郁闷，因为她不知道该如何打理自己的生活。之前在家的时候，大事小事都是爸爸妈妈替她做决定，但是来到新学校后，她总觉得心里空落落的，不知道该如何安排自己的生活和学习。没有爸爸妈妈的监督，她的作业总是不能按时完成，在宿舍也总是因为一些事情和室友闹得不愉快，比如，忘记了扫地、拖地，或者是拖地没有拖干净等。因为这些事情她以前从来都不用操心，可是现在都要自己做了，没做好可能还会引起室友的不满，她感到很沮丧。

以前的萌萌只要负责学习就好了，爸爸妈妈都会给她安排好，小到准备出行的衣物，大到升学来这里读书都是爸爸妈妈做的决定。她知道自己要独立，自己的事情自己做，但是，当她回到家时，妈妈总是帮她把所有的事情都做好了。她觉得自己应该独立去面对生活，但是她不知道应该怎样做。

心理解读

萌萌有强烈的自我独立的意愿，这是很值得称赞的。每个人的人生之路都得自己去走，越早学会自立，越有利于个人的适应和发展。部分同学不能独立自主，父母和孩子这两个方面的因素都有。

父母过度保护孩子。大多数父母习惯了在生活上、学习上为孩子包揽一切，甚至替孩子做所有的决定。他们认为孩子年龄还小，思想还不够成熟，父母有义务且能够为孩子作出他们认为最好的选择。学习上，父母花费大量的时间陪伴孩子，甚至为孩子做各种计划，监督孩子完成学习任务，安排各种兴趣班；生活上，事无巨细为孩子包办一切，最终导致孩子难以独立，生活、学习缺乏自主性。

案例中，萌萌明显感觉到离开父母之后，自己缺乏生活经验，一时间难以适应独立生活。生活在父母的控制和过度保护下的孩子在面对困难和挫折时缺乏勇气和决心，很难积累面对挫折时解决问题的能力，遇到困难容易受挫和气馁。过度保护，其实是在剥夺孩子独立成长、探索世界、体验生活，以及试错的机会。从保护未成年人权利的角度来看，这种所谓的“过度保护”实际上限制了孩子的自由权。在父母的观念中，他们将亲子关系视作紧密相连的一体。他们一方面寻求强烈的“替代成就感”，将自己和家庭的未来寄托在孩子的身上，同时也将社会竞争的压力加诸孩子。另一方面，他们替孩子承担本应由孩子自己完成的任务，而不是为孩子的成长提供条件，结果导致孩子无法充分挖掘自己在生活和学习中的潜力。最终的结果是未成年人缺乏自我意识和独立意识，从缺乏家庭独立机会逐渐发展为缺乏内在动力和现实社会生存与发展所需的能力。

孩子过度依赖父母。儿童力量感的形成是儿童社会适应能力的基础。儿童对个人事务拥有自由决定和控制的权利，对其形成自我力量感、自主性、社交能力和自尊自信非常重要。案例中，萌萌在家时非常依赖父母为自己包办各种事情，到寄宿学校后缺乏独立生活的能力，给她带来了很多苦恼。孩子过度依赖父母，会失去锻炼能力的机会，那么在孩子需要独立完成一些事情的时候，问题就会暴露出来。

应对之道

独立自主能力的提升其实很简单，总结起来就是：自己的事情自己做。

学生的角度。首先，分清哪些事得自己做。比如：与生活相关的，内务整理、洗衣服、收拾；与饮食相关的，买菜、做饭、点餐；与出行相关的，买票、计划路线、联系导游或相关联系人；与学习相关的，自己选择合适的书、长期阅读，能自己计划、自己监督、自己反思不足、自己改进方法等；与人生相关的，探索自己的兴趣、爱好、价值、能力、社会责任、精神追求等；与共同的社会生活相关的，能承担班级的劳动、班级建设事务等。这些事先尝试自己做，当自己做起来有困难时，可向同学、老师和父母求助。其次，对父母的过度保护说“不”。感谢父母的良好动机，同时与父母进行沟通，表达出自己内心的想法。

家长的角度。家长要给孩子独立成长的机会。比如，在日常生活中，让孩子做做家务，培养孩子的动手能力和责任意识；学习上，家长辅助孩子制订学习计划，而不是时时刻刻盯着孩子做作业。

教师的角度。教师可以从学生的生活内务着手，通过对学生生活上的引导，让学生知道独立自主的重要性和学会自理，不再依赖父母；通过社会实践，让学生在艰苦环境中学习吃苦耐劳、勤奋勇敢、独立自主、拼搏进取的精神。

心理小贴士

切莫过度保护

过度保护是指父母为了不使孩子受到伤害，过分给予保护以致影响其独立性发展的倾向。过度保护有两种类型：极端约束型和极端纵容型。前一类型将导致孩子在与其父母的接触中表现出侵犯性和否定态度；后一类型将导致孩子表现出消极、盲从和依赖性。

37

为什么比别人努力，学业成绩还是提不高？

案例导入

小马是一名初中二年级的女生。她很苦恼，因为她知道爸爸妈妈对她的期望很高，她也很努力想要成为爸爸妈妈的骄傲。她花了比别人更多的时间去学习，每天早起背英语，晚上熬夜做数学题。这么用功的女孩成绩应该会很好吧？可这次期中考试的成绩还是不理想。现实很残酷，取得的成绩和她的付出完全不成正比。

心理解读

为什么小马明明比她周围的其他人都努力，成绩却如此不如人意呢？有学者调查了中学生学习投入和学生成绩之间的关系，调查数据显示，约80%的中学生学习越努力，学业成绩水平就越高；而剩下约20%的学生则出现了学习越努力，成绩不仅没有提升反而下降的现象。换言之，每10个学生中就会有一到两个学生无论怎样努力，成绩都没有显著提升。其中的因素有：

学习能力类型和高低有别。每个人的能力的类型不同。有的人强于逻辑数理，有的人强于语言，有的人强于自省。而学习主要考察语言和逻辑，所以自然有差异。另外，能力形成有早晚，早慧的人可能在初中有更好的成绩，晚慧的人可能要到高中才显现。

多次学业失败后的无助情绪。如果努力之后失败了会怎样？努力了，成绩却不进反退，这种失败的体验会导致大量负面情绪的出现，导致孩子们开始怀疑自己的能力，从而失去努力的意愿，即习得性无助。处于青春期的学生，内心情绪十分丰富，但这种内在情绪父母其实很难感知到。与同学、亲人，甚至老师之间的相处都影响着他们情绪的变化，这种小起伏的情绪波动也是影响青少年学习成绩的重要因素，直接影响着他们的学习专注力。

没有找到合适的学习方法。平时很努力但是学习成绩依旧不提升的同学，可能是因为没有找到适合自己的学习方法。这样的学生其实很常见，他们学习非常认真，课堂上他们总是全神贯注地听老师讲课，认认真真跟着老师勾勾画画，书上、笔记本上都是他们工工整整、密密麻麻的笔记，老师们每天布置的作业他们也都按时完成。可一场场考试下来，他们的成绩却没有很大的提升，似乎和他们的努力不匹配。因为他们只是在形式上不断做着努力，付出的是体力劳动而不是脑力劳动，实际上并没有对知识进行理解和思考。如果把学习当成了一种被动的、习惯性的简单堆砌，只是对公式的生搬硬套和对知识的死记硬背，只注重形式的学习，而不去寻找适合自己的学习方法，忽略了知识本身的意义，那么很难有成绩上的提升。

应对之道

初中生如何正确看待与同学之间的学习差异？

树立“学以为己”的学习目的观。学习更重要的意义在于让自己每天都有进步，成为更好的自己，而不是通过学习比过别人，成为那个比别人强的“别人”（别人眼中的自己）。所以在学习中更要重视是否通过学习，增强了自己的品德，提升了自己的高阶思维，比如批判思维、创新思维、辩证思维等。把自己做好了，是否比过别人不重要。

调整认知，正确看待自己和他人。看待自己和他人要客观理性。看着周围的同学都比自己强，当然会有一定的压力，但压力也是动力。我们要抱着虚心学习的态度，观察别人比自己厉害在何处，是不是因为有好的学习习惯和学习方法，有没有值得我们学习的地方。不要因为周围人太优秀而自我否定、自我设限。

培养良好的心态，要对自己有信心。初中不同于小学，谁也不敢说，小学学习成绩好的，初中就一定能学好。你要接纳自己，正确认识学习的重要性，在努力中感受点滴进步，不断挑战和战胜自己。

人无完人，每个人都有自己的长处和短处，再优秀的人也有自己做不到和做不好的事情。虽然每个人的潜能是无限的，但不可能每个人的天赋都一样，就像有的人更擅长学习，而有的人更擅长交际。当你真的已经很努力了，并且也做了理性的思考和分析，在一次次地改变和提升后，依然是落后于他人的时候，要接受这样的结果。因为你已经做了所有你可以做的事情，剩下的事情，就坦然地接受吧。

你的价值，并不能完全靠学习成绩来衡量。你的勤奋、专注、善良，都是你未来的竞争力，它们会在将来的某一天给你带来意想不到的收获和惊喜。所以，不要因为成绩上的落后，就小看自己，失去前进的勇气。只要你有信心并坚定自己的目标，踏踏实实、一步一个脚印，你就会变得越来越优秀。

掌握适合自己的学习方法。有时候学习方法也很重要。学习的时候你需要把注意力集中到知识的学习上，而不只是低效地堆砌时间。因为学习不能死记硬背，只有真正理解、认真思考过的知识你才会记得牢固，才会真正成为你自己的东西。

如何更有效率地学习？如何劳逸结合，轻轻松松做一个会学习的学生？这是一个值得认真思考的问题。可能正是自己学习方法、思维方式等方面的局限，导致学习效率不高。埋头苦干的精神固然令人赞许，但是我们还应对学习成绩无法提高的原因进行剖析，想想是不是方法上出了问题，再针对问题去改变我们的学习方法，也许会有不一样的收获。你还可以向那些优秀的同学请教，或者向老师寻求帮助，坦诚地表达自己的困惑，请他们帮助你分析自己的学习方法是否科学，以及学习效率如何提升。

付诸行动，少想多做。想太多有时候反而容易让人陷入思维的旋涡，而行动则是打败焦虑的良方。有些事埋头苦思是行不通的，只有放下无意义的精神内耗，边行动边思考，才能真正找到答案。要知道，努力，还有可能；不努力，则连可能都没有。机会永远属于那些有准备、有实力的人。过去的事不可改变，未来怎样还未可知，不如好好把握当下，只要坚持不懈地努力，就一定可以创造奇迹。

从家长的角度来看，要认识每个孩子都有着自己的“优势”。只是有些还待发掘，哪怕是一件很普通的事，能把它做好也不普通。普通并不是坏事，把事情做到不普通，也很有魅力。家长应该逐步接受孩子的普通，学着放下高期待，不强迫孩子为了家庭的期待去学习。最好的爱，是认识孩子，并且接纳孩子，让孩子结合自身的特点，找到他们喜欢的事情，在自己所热爱的领域里，做自己的英雄。

心理小贴士

学以为己

孔子在《论语》中提出了“古之学者为己，今之学者为人”的观点，这是对“学以为己”理念的最早阐述。孔子主张“为己之学”，即学习要服务于个人的内在成长和完善。在面对学习成绩不如他人的情况时，保持积极的心态至关重要。我们要认识到，每个人的成长轨迹都是不同的，没有必要与他人进行无谓的比较。重要的是要关注自己的进步和成长，不断调整自己的心态和情绪，保持对学习的热情和动力。

在现代社会，“学以为己”的理念仍然具有重要的现实意义。随着教育普及化程度的提高和社会分工的细化，人们往往容易陷入功利性的学习陷阱中，忽视了学习的内在价值和长远意义。因此，“学以为己”的理念提醒我们要保持对学习的敬畏之心和热爱之情，将学习视为一种自我提升和完善的途径而非工具或手段。同时，“学以为己”也鼓励我们在学习中注重实践和创新能力的培养，以便更好地适应未来社会的挑战和需求。

38

如何走出网络成瘾，投身现实？

案例导入

小金是一名初中三年级的学生，最近的他沉迷于玩手机里的游戏，经常整晚都在与朋友一起玩。过度使用手机导致小金出现许多问题。他的注意力不集中，记忆力受到了影响，作业质量下降，考试成绩下滑，连身体健康也受到了影响。他通宵玩手机，睡眠不足，白天除了玩手机以外的时间都精神不振。此外，他与父母、同学的交流也变少了，他把大部分时间花在虚拟世界里，忽略了与家人和朋友的互动。他变得孤立，在现实生活中不怎么和人交流，渐渐失去了与人沟通和建立人际关系的能力。

小金的父母对此感到非常担忧。他们发现小金变得沉默寡言，情绪波动大，对家庭活动也不再积极参与。他们试图约束小金使用手机的时间，但常常受到他的激烈反抗，引发亲子冲突。

心理解读

在手机非常普及的今天，青少年不接触手机是不可能的。在此需要讨论的问题是如何处理案例中小金使用手机过度的问题。青少年总是控制不住玩手机或网络成瘾的原因有以下几点：

无趣。无趣体现为在现实生活中没有乐趣，总是控制不住玩手机或网络成瘾。青少年在现实生活中无当下的快乐，对他们来说，学习太难、太累、太枯燥、太机械。因此，网络世界的特点如开放性、快速性和即时强化，吸引了那些生活单调乏味的人，尤其是青少年，满足了他们追求刺激的潜在需求。唤醒理论认为，唤醒水平低的人需要更多的刺激来不断提升其唤醒强度。在寻求刺激方面，互联网上海量的信息、前所未有的更新速度、多样的信息类型以及极具诱惑性的画面，正好满足了青少年对各种刺激的需求。在风险方式方面，青少年过度上网行为往往不被家长和老师认可，甚至反对。因此，对于青少年来说，网络成瘾其实是一种社会风险，这也会提高他们的反抗情绪的激烈程度。

无聊。无聊体现为生活没有目标，在学校混日子，没有价值追求，成就感严重缺失。进入初中以后，激烈的竞争氛围和知识本身难度的增加，使得青少年更难在学习中获得成就感，经常会有自我贬低的感觉，想要逃避学习。此外，长时间面临学业困难，会消磨学生的学习热情，使得学习变得枯燥无味。有研究表明，学业困难的学生比较容易网络成瘾，在现实社会中，他们的成就动机经常受挫，对现实情境会过于焦虑、敏感和担忧，而大多数网络活动却可以让他们比较容易体验到成功。

无爱。无爱体现为在现实生活中感受不到家人、朋友和其他重要人的关爱，即当青少年面临困境和无助时，他们往往无法从身边的人际关系中获得支持和帮助，于是转向互联网以寻求慰藉。

应对之道

应对手机过度使用，建议做到以下几点：

丰富线下生活。当学校学习太难、太累的时候，要将学习目标调整为中等难度，并做到及时休息和放松。例如放学回到家之后，写60分钟作业、放松10分钟，休息时间可以喝水、闭目养神。当觉得生活太枯燥、太机械的时候，去寻找自己喜爱的活动，可以感受生活中小小的幸福感。户外活动是一个不错的选择，有数据显示，每日在户外活动时间少于60分钟的学生更容易对网络上瘾。户外活动在缓解网络成瘾方面有诸多好处，一方面户外活动提供了与现实世界互动的机会，让青少年远离电子设备和网络，与他人面对面交流、分享经验，建立真实的人际关系，减少孤立感和社交焦虑，有助于降低他们对网络的依赖和过度使用。另一方面，户外活动能够提供身体运动和锻炼的机会，运动会释放内啡肽等化学物质，帮助缓解焦虑和抑郁情绪，改善整体情绪状态。此外，户外活动还能带来新鲜的感官刺激，增强注意力、专注力和自律能力。

弥补内心缺失。无聊是因为一直在“成为别人”，没有自己的价值追求，久而久之，找不到自己的人生意义。青少年当志存高远，立志实现自己的价值。兴趣往往能使人在学习和生活中充满积极性，从而克服各种困难，因此要学会寻找自我优势和兴趣，通过满足内在的精神需求来弥补内心的空虚。兴趣可以是读书、运动、画画或者弹奏乐器等，找到兴趣所在，需要拥有强烈的好奇心和不竭的新鲜体验感，然后付诸行动，将自己投入进去，坚持不断地精进，从而提升自我，让生活更具意义。

丰富家庭生活。当孩子被安排、被剥夺自主权的时候会感到沮丧和失落，逐渐对自己的人生产生失控感。家庭教育往往是防止孩子网络成瘾的第一道防线。对于父母来说，建议将对孩子的关注重点从成绩转移到亲子关系上，主动改善家庭关系，给孩子提供一个良好的家庭环境通常是让孩子健康成长的保障，父母要学会约束自己的控制欲，理解孩子在成长中的规律，了解他们真正的心理需求。在给孩子空间的前提下，慢慢引导孩子自律，丰富家庭生活和亲子之间的交流。

心理小贴士

何为网络成瘾

“成瘾”这个词最初只用于描述对药物的依赖，后来也被用于描述一些行为障碍，比如食物成瘾、电子游戏成瘾、计算机成瘾、赌博成瘾以及过度使用某些技术。网络成瘾指的是由于过度使用互联网而导致的明显的社会和心理损害的现象。对于网络成瘾最佳的解决之道在于学会线下满足，以精神的内在满足弥补内心的缺失。

39 抑郁来侵怎么办？

案例导入

小谈是一名初中三年级的男生，他沉默寡言，不爱说话。初中刚入学的时候，他的成绩还算一般，但是从初中二年级开始，他的成绩就一直在下滑。他说，由于情绪低落，他很难集中精神学习。通过初始交谈，我们发现小谈3岁的时候，父母就离异了，他与父亲、祖父和祖母生活在一起。他的父亲因为婚姻的破裂，情绪受到了很大的影响，如今已经失业在家了。目前只有爷爷一个人养家糊口，爷爷脾气也不太好，老是训斥小谈。小谈感觉自己的家庭并没有把他放在心上，也没有人了解他。在学校，小谈在老师那里不受重视，在班上也没有要好的同学，久而久之，他开始变得抑郁，睡眠质量也不好，还有过自残的行为。

从初步交谈的结果来看，小谈的抑郁情绪持续的时间比较长，而且存在着自我伤害的行为。现在，他的学习和生活都受到了很大的影响，因此，还需要对他进行更多的跟踪，对他的社会功能的损伤情况进行深入的了解，以便对他进行更多的帮助。

心理解读

初中生正处于生理和心理都剧烈变化的阶段，情绪波动比较大，对外界的环境更敏感，所以也更容易产生抑郁、焦虑等负性情绪，这会影响他们的正常学习和心理健康水平。以抑郁为例，一般而言，有明显应激源会导致个体产生暂时的抑郁情绪，比如一次考试不及格、一段朋友关系的破裂，虽然这是很正常的现象，但是对于中重度抑郁症而言，它跟多种因素有关：家庭成长环境，在学校与老师、同学的相处，甚至是针对抑郁的易感生理因素，等等。郭兰婷等人的研究表明，被抛弃、童年时父母关系恶劣、家庭成员有严重暴力行为、受虐待创伤经历、中学时家庭结构不正常、亲子关系差、父母对孩子无期望，以及成绩差、留级、受欺负、欺负别人、人际关系差、不积极参加班级活动、在班级没什么存在感等这些不良因素容易导致中学生产生抑郁情绪，应努力避免并做相应干预。案例中的小谈，童年经历不良、家庭教养方式不当以及在校生活孤单都是导致他抑郁的主要原因。

童年经历不良，缺少控制和能力感。不良的童年经历，如家庭不和睦、父母分居或离异、丧父母、父母各自再婚，以及亲子关系不良者，都与初中生的抑郁情绪有关。案例中的小谈3岁时经历了父母离异，再加上亲子关系不佳，家庭成员间相处不和谐，对他的心理发育造成了不良影响，产生不愉快情绪，当这些不良的童年经历持续到中学时期，可能导致了抑郁情绪的产生。

缺失家庭的温暖和爱，缺少价值感。父母教养方式对孩子的抑郁情绪有一定影响。孩子如果在父母那里更多地感受到温暖和支持，孩子的抑郁情绪就低；相反，父母过分严厉、情感淡漠、控制欲过高、拒绝和否认都容易使孩子产生抑郁情绪。小谈和父亲、爷爷和奶奶一起生活，爷爷脾气暴躁，经常责骂小谈，其他家庭成员也对他漠不关心，所以小谈的内心深处觉得自己是不值得被爱的，容易产生自卑和自我怀疑。

缺失对集体的归属感，缺少价值感。初中生的大部分时间是在学校度过的。初中生受学校的影响仅次于原生家庭的影响，归纳可见三类因素容易导致他们的抑郁情绪：一是学业压力。二是他们不爱参加集体活动，在班集体中不被重视，这类孩子容易受到他人的欺负。三是人际关系不良，比如会被别人欺负，没有朋友。

应对之道

案例中的小谈存在抑郁症状，甚至有自伤行为，这必须引起高度重视，应当去心理健康教育中心或相关的专业机构找专业的心理工作者寻求帮助。如果长时间不干预，可能造成无法挽回的后果。对于有抑郁情绪的学生，可以从以下方面着手解决。

挖掘积极资源。据了解，案例中的小谈对动漫非常感兴趣，他能够沉浸其中获得快乐。也正是因为动漫，小谈认识了跟他志同道合的朋友小伊。拥有朋友的感觉让小谈看到了生活的另一面，这些都是小谈的积极资源，可以给予他力量和支持。因此，案例中的小谈可以寻找一些让自己开心的事情，并去接触这些正向的事情，挖掘积极资源，以缓解低落情绪。

多做一些自己可以做到的事。研究表明，初中生的日常生活事件会影响自身的情绪和自我效能感（对能力的自信心）。因此，鼓励作出可操作性的改变，即去做一些做起来比较容易的、可以经常去做的事情，能有效帮助提高自我效能感。例如，对小谈来说，在情绪低落的时候，听听音乐、看看书、看日出日落、和朋友一起玩，可以帮助他调整情绪状态，而且这些事情做起来也比较容易。

接纳目前的不足。有心理学家认为，自我同一性的确立和避免角色混乱是青少年时期的重要发展任务。在该阶段，青少年发展自我意识和自我概念，有助于危机和冲突的解决，形成积极的人格特征，发展健全的人格。大树有大树的挺拔，花朵有花朵的美丽，小草有小草的坚韧，每个生命都有其独特的价值与魅力。要认识到每个人都是不完美的，接纳自己目前的不足，对于目前的不足不予消极评价，而是向着好的地方努力生长。

进行积极想象。积极想象可以提升情绪、增加乐趣，减少让人感到沮丧和挫败的想法，并有助于疼痛、焦虑、抑郁和恐惧行为的缓解。我们先让大脑的思绪随意飘荡，把注意力落在最感兴趣的一个积极点上，慢慢地，这个兴趣点会逐渐扩散形成一幅生动的图景。在这个过程中，我们不要主动、有意识地干涉积极想象图景的进程，而是我们无意识地指引，它会导向我们内心深处最柔软的那个部分。

积极寻求社会支持。抑郁状态下的个体容易低估自己的社会支持，如父母、兄弟姐妹、亲人、老师、社工、心理咨询师的支持。走出去，融进去，自己就更可爱了。

增强意义感。有心理学家提到了过有意义生活的三个要点：创立某项工作或从事某种事业；体验某种事情或面对某个人；赋予苦难意义。具体说来：

第一，行为——做有意义的事，创立某项工作或从事某种事业。工作或学习是每个人生活中不可缺少的一部分，可能内容会有所不同，但是从学习中每个人收获的掌控感和成就感是任何其他事情都无法替代的。投入工作或学习可以实现目标，可以体现自身价值。

第二，体验——体验某种事情或面对某个人。体验某种事情，比如体验自然和文化，体验真善美。弗兰克尔说，只有通过爱，才能使你所爱的人实现他的全部潜能。通过使他认识到自己可能做好的事和应当尽的义务，他就会激发自己的潜能。

第三，态度——赋予苦难意义。陀思妥耶夫斯基说过一句耐人寻味的话：我只担心一件事，就是怕我配不上我所受的苦难。苦难本身毫无意义，但我们可以通过自身对苦难的反应赋予其意义。身处绝境，面对厄运，仍能勇敢面对，实现精神的升华，化危为机，这时，苦难便有了意义，人生也便有了意义。

心理小贴士

抑郁情绪不同于抑郁症

抑郁情绪不同于抑郁症。正常人群也会经历抑郁情绪，这是个体心理应激常见的情绪表现。而抑郁症是一种常见的心境障碍，可由各种原因引起，其主要临床特征为显著而持久的心境低落，且这种心境低落与其处境不相称，严重者还会出现自杀念头和自杀行为。

如何让孩子不离家？

案例导入

李某，15岁的男生，离家出走。他敏感、自傲，崇拜英雄，追求自我表现。李某的父母育有李某及其妹妹两个孩子。李某家三代人居住在一起，经常发生矛盾。他的母亲性格比较强势，父亲则是一个沉默寡言的人。家里大大小小的事情，基本由母亲来决定。李某从小被奶奶带大，跟奶奶比较亲近，但是他的妹妹从小是被父母带着的。李某的爸妈希望家里的孩子能够认真读书，考个好大学，但是李某更喜欢唱歌，甚至想专门去学习音乐。父母认为这是不务正业，并且家里也没那么多钱供他学习音乐，学习音乐以后也不能当饭吃；与之相比，他的妹妹成绩优异，所以当他跟妹妹发生矛盾

的时候，父母总是偏袒妹妹，这让李某非常难受，他认为自己不属于这个家。李某平常在学校的学习也不认真，经常不完成作业，上课扰乱课堂纪律，多次被老师批评。但是在家里，他又表现得很听话。有一次，他在学校跟一位老师发生了激烈的矛盾，为了报复这位老师，他悄悄把老师新买的电动车给弄坏了。被老师发现之后，老师要求其赔偿并给予警告处分。李某本来就觉得在家里没有归属感，认为父母知道此事之后肯定会惩罚自己，所以他跟同学相约一起离家出走，一个星期后父母才在警察的帮助下找到了他。在这之后，父母对他的态度依旧淡漠，并没有因此而更加关心他。他感到非常伤心，比以前更加沉默寡言了。

心理解读

青少年离家出走已成为一个备受关注的社会问题。虽然真正离家出走的孩子并不多，但超过1/4的受访青少年表示他们有离家出走的想法，该调查结果应该引起人们的关注。不和谐的家庭氛围、不当的家庭教养方式、不适宜的家庭教育观念等，都可能是青少年离家出走的诱导因素。我国学者戴福强等人对初中生离家出走的因素做了全面调查，发现家庭因素是影响青少年离家出走的主要原因。换句话说，由于家长的一些错误对待行为让孩子产生了离家出走想法。

不和谐的家庭氛围。良好的个性塑造离不开家庭中民主平等、温暖融洽的氛围。如果从小生活在一个充满暴力（语言暴力、肢体暴力、冷暴力等），没有关爱的家庭里，孩子会长时间处于缺乏安全感的环境，也会在潜移默化中习得家庭成员不良的互动方式，形成不良的个性特征。

有些家庭的父母和祖父母两辈人的思想观念存在差异，所以很容易在育儿方面发生冲突和矛盾，而孩子长期处在这样的环境中，会对其个人成长产生不利影响。案例中的李某面对亲近的奶奶和对自己严厉的父母，他很容易形成既乖张又顺从的性格。他在家里很听话，但在学校里由于没有约束，所以调皮捣蛋。

不当的家庭教养方式。家庭教养方式对孩子的影响十分显著且直接。研究表明，如果孩子生活在和谐、安全、有规则的家庭环境中，他们能在这样的氛围下自由地探索周围的世界，在遇到困难时能有一个港湾给予指导和帮助，这样长大的孩子会有很强的环境适应能力，能够很好地应对生活中发生的事情。相反，如果家庭中的人际关系混乱，重要养育者忽视孩子，以及不当的教养方式会让孩子形成消极的自我概念，更容易自暴自弃，出现问题行为。

不适宜的家庭教育观念。教育观念影响家庭教育质量。进入青春期，孩子开始更加强烈地表达自己独立的意愿，这导致了孩子与父母之间对立情绪的升级，并引发了孩子的反抗行为。对于李某来说，他对音乐有着浓厚的兴趣，然而父母却没有真正意识到他的兴趣爱好，他们认为这些特长毫无用处，只有成绩好才是有用之人。事实上，这样做只会严重打击孩子的自尊心。此外，父母还会将孩子的行为与其他所谓的“好孩子”进行比较。父母通常认为这种比较能让孩子积极进取，但是，这样做可能适得其反。比如在本案例中，李某的父母常常将他与妹妹进行比较，这种行为进一步加深了孩子的反感。

应对之道

要如何正确对待离家出走后回家的青少年呢？离家出走是一件很严重的事情，孩子之所以会离家出走，肯定是有很重要的原因促使他不得已作出这个选择。青少年回归家庭后，父母要及时采取恰当措施来对待孩子离家出走的行为，避免对孩子造成二次伤害。

提供良好的家庭氛围，让家变得祥和。对于离家出走的青少年，家庭应当理解并尊重他们的个性。父母需要放下自己的家长身份，耐心倾听青少年的心声。如果父母在对待子女方面存在不公平，他们应该勇于承认自己存在的错误，并且向孩子说明自己的感受和想法，用平等和尊重的方式跟孩子沟通，询问孩子的情绪、感受和想法，缩短跟孩子的心理距离。在理解孩子问题行为的基础上，培养他们的责任感。如果父母对待离家出走又归来的青少年仍然不管不顾，甚至责备，会加重孩子的问题行为，孩子可能会再次离家出走。

选择合适的教养方式，让家变得温暖。在成长的不同时期需要对孩子采取合适的教养方式。心理学家张建新运用因素分析法将家庭教养方式分成了四个类型：理解鼓励型、冷漠专制型、过分约束型和限制保护型。理解鼓励型的父母对孩子形成良好的人际关系和健康的人格特点具有积极作用。父母在孩子的成长过程中，更多的是一个推动者，而不是独裁者。他们给孩子足够的自由和空间去探索外在的世界，当孩子遇到无法解决的问题时，他们会给予适当的帮助，引导孩子解决问题。与之相反，冷漠专制型的父母在孩子遇到困惑时，表现淡漠，忽视孩子的感受。一方面孩子们不得不依靠父母生存，另一方面他们是孤立无援的，父母不太关注孩子所面临的困难和问题，所以被忽视的孩子常常觉得自己不值得被爱。过分约束型的父母会对孩子进行过多的限制，包括作息时间、娱乐方式甚至零食选择等方面。限制保护型的父母则过分关注孩子的行踪和活动，不给孩子独立发展的空间。

转换教育观念，让家变得可爱。父母能做的不仅仅是提供物质条件，也要关注孩子的精神需求。当发现孩子存在心理上的困惑时，千万不能忽视，要积极跟孩子沟通，用平等、尊重的方式启发、引导孩子去认识问题。父母也要不断更新教育理念，孩子的思维跟成人的思维存在差异，如果一味地用古板的方式去教育孩子，可能会对孩子的心理发展产生不良影响。家长们喜欢拿孩子跟其他人比较，比较本身就带有评价的价值判断，青少年自我意识强烈，这种比较可能会损害孩子的自尊心。

心理小贴士

如何让家变得更温暖

很多家庭氛围冷漠，亲子关系不和谐的原因首先在于父母对孩子提出过高的要求。其次，孩子处在青少年发展阶段，开始有自己独立的观点和决定。父母还没有认识到这种变化，更没有顺应这种变化改变亲子互动，于是家庭冲突可能产生。让家变得温暖，父母可以从这两个点来切入：

了解孩子的发展阶段。家长要认识到不同年龄阶段的孩子，他们的认知水平、情感需求是不同的。比如幼儿时期的孩子可能更需要具体、简单的指令，而青少年时期的孩子，则需要更多的引导和自主空间来发展独立思考能力。

设定合理的期望。根据孩子的实际情况，制订符合他们能力范围的目标和要求。不要过高地期望孩子在短时间内达到成人的标准，而是要循序渐进地引导他们成长。例如，对于小学生，可以要求他们按时完成作业、整理自己的书包等；对于中学生，可以要求他们学会合理安排时间、承担一定的家务劳动等。

倾听孩子的声音。给予孩子充分的表达机会，认真倾听他们的想法、感受和需求。不要轻易打断或否定他们的意见，让孩子感受到自己被尊重。例如，在讨论有关于孩子未来发展的家庭决策中，可以询问孩子的看法和需求，让他们参与讨论。

包容孩子的情绪。孩子也有自己的喜怒哀乐，家长要尊重他们的情绪体验。当孩子情绪激动时，不要急于批评或指责，而是先给予理解和安慰，帮助他们学会正确地表达和管理情绪。

给予孩子自主的空间。在适当的范围内，给予孩子自主选择的权利，让孩子自己做决定。例如，让孩子选择自己喜欢的书籍、兴趣班等，这样可以帮助培养孩子的独立思考能力和责任感。

41

如何面对孩子的“叛逆”？

案例导入

小柳是一名15岁的初中二年级学生，经常表现出对学校和家庭的抵触情绪，在父母看来他是个十分叛逆的孩子。这种逆反心理使得他与周围的人产生了隔阂，并对他的学习和社交造成了负面影响。

一方面，小柳对学校的规章制度感到不满。他认为这些规定限制了他的自由，使他无法按照自己的意愿行动。他经常违反校规，如迟到、旷课和不完成作业。课堂上他常常对老师表示不满，总是以头疼、喉咙疼为借口而缺课，有时他还会鼓动其他同学反抗老师的教导。他还时常拒绝参加学校组织的活动，因为他认为这些活动只是增加了他的负担，没有实际意义。

另一方面，小柳对家庭的约束也感到厌烦。他认为父母过于干涉他的生活，过多地给予他指令和规定。他对父母的期望感到压力很大，因此，他会故意违背父母的要求，拒绝完成家庭任务，甚至与父母发生争吵，试图通过逆反来表达自己的独立意识和对个人权利的追求。

心理解读

叛逆在很多语境中是贬义词，但在青少年成长的背景下却是一个中性词，甚至是褒义词。我们应该以开放和理解的态度对待叛逆。

青少年萌发自主意识，与父母有不同的观点和做法。进入青春期的孩子们正在积极探索自己独立自主的人格，他们觉得自己已经是能够独自做决定的大人了，开始希望得到尊重和理解，希望父母和老师与他进行开放、平等的沟通，而不是使用惩罚的手段来约束他们的行为。由于长辈们对他们的严格要求和频繁的批评与惩罚，他们会开始对父母和老师的指导和规定有所抵制，不愿意听从他们的建议，可能还会故意违反，表现出挑战和反抗的态度，试图挣脱父母和老师的控制。青少年的自主意识还不够成熟，他们精力充沛、好奇心强、求知欲旺，但往往自制力差、缺乏分析和辨别事情真伪的能力。因此，逆反心理多发生在青少年身上。

父母教养方式没有来得及调整，成长中的青少年不适应。当孩子长大后，父母却还沿用以前的方式对待他们，没有根据孩子不同的年龄阶段进行调整，是孩子逆反的本质原因。此外，有研究表明，如果父母对孩子的要求过于苛刻，教育方式过于严厉，不给他们足够的自主权，在孩子看来就是在限制他们的自由，限制他们表达和发展的空间，面对这些压力和限制，孩子必然会开始出现逆反心理。

应对之道

在“逆反”问题上，中学生要理解父母，学会以非暴力的方式和父母沟通，父母也需要和孩子一起“成长”。

父母要平和地看待“逆反”。前面提过，逆反可能是初中生探索自我界限一种方式，表达对独立性的渴望。应该尝试把他们当成人来尊重，与他们进行开放式的沟通。他们犯错时尽量避免指责，而是要创造一个安全的环境，让他们能够自由地表达自己的想法和感受。父母要学会倾听，对初中生的言行举止表现出真正的兴趣和理解。这一点，长辈要成长的是自己对逆反的全面认识和正确态度。

父母要适当地“放权”。逆反的重要目的是争取权利。适当赋权给他们，尊重他们的意见和选择，可能让初中生感到自己有控制感、自主感和责任感。比如让他们参与家庭的决策，或者在一些他们能力范围内的情况给予他们自主权。当他们做出选择后，父母需要帮助他们承担相应的后果，无论是积极的还是消极的。这样，他们既不会逆反，又能学会为自己的行为负责。这一步做起来最大的阻碍是父母对初中生自主能力不信任。这一点，父母要给初中生充分的信任，同时又通过更为隐蔽的方式为他们选择后的行为和后果进行支持和托底，而不是一味地限制。

父母要做好情绪调节的榜样。初中生较为敏感，同时情绪调节能力处于快速提升期。因此父母应在日常生活中展现出耐心的理解和稳定的情绪调节，在每次逆反的互动中示范情绪调节，在每个生活和教学事件中示范情绪调节。具体可见本节“心理小贴士”。

心理小贴士

父母在处理情绪上的行为塑造孩子的情绪技能

“逆反”同时也反映了儿童青少年在情绪社会化方面需要进步，而父母在其中起了非常重要的作用。

“父母情绪社会化”就是父母通过自己处理情绪的行为来帮

助孩子学会情绪调节。于是父母在处理情绪上的行为会怎么影响孩子学习处理情绪。父母要做好三件事：

支持性回应孩子的情绪。孩子们会用脸上的表情、动作或者说话来表达他们高兴或难过的情绪，父母对这些情绪的反应可能会塑造孩子将来怎么处理自己的情绪。说到回应，父母可以是支持性的，也可以是非支持性的。支持性的回应就是安慰孩子，鼓励孩子说出自己的感受，帮孩子解决问题。非支持性的回应呢，就是惩罚孩子，不让孩子表达情绪，忽略孩子的情绪，或者表现出焦虑。支持性的回应有利于孩子情绪社会化（以符合社会要求的方式表达情绪）。

与孩子讨论情绪。在家里讨论情绪，不仅能表达支持，还能让孩子更明白自己的情绪，帮助他们理解情绪是怎么回事，这对孩子的情绪和社交技能的成长很有帮助。

向孩子示范正确的情绪表达方式。有研究发现，父母怎么表达情绪可能会影响孩子理解别人情绪的能力。孩子们可能会模仿父母的情绪表达方式，这直接影响了他们自己的情绪表达。父母的情绪表达方式也可能在教育孩子情绪和社交技能方面起到关键作用。

后记

当我们终于为这套“每天学点心理学”丛书画上句号时，心中感慨万千。

时间回到2021年11月19日，江西省平安建设领导小组办公室与江西师范大学共建的“江西省社会心理服务体系建设研究中心”正式揭牌。这是江西省社会心理服务工作的一件大事，中心的顺利揭牌令人欢欣鼓舞、倍感振奋。江西省委政法委对中心工作提出了发展方向，指出社会心理服务的工作要深入基层社区，走进居民群众，把心理服务这篇大文章写好、写精彩。由是，编写一套面向民众的心理科普知识手册列入工作日程。2022年4月，在完成前期调研的基础上，编写专家团队正式成立，开启了编写工作，这也是“每天学点心理学”丛书的缘起。

江西拥有着悠久的历史文化与深厚的人文情怀。进入新时代，江西在推进社会心理服务上取得了一系列成绩：积极探索了与经济社会发展相适应的社会心理服务体系建设模式，完成了赣州市作为全国社会心理服务体系建设试点工作，启动“966525”社会心理服务热线为群众提供心理疏导和心理危机干预等。江西省社会心理服务体系建设研究中心的成立，更是为开展社会心理服务理论和实践研究提供了一个重要的平台。

目前，中心已成立两支专家队伍，在编撰出版心理科普读物、开展社会心理知识宣传、网格员心理培训与疏导、研究并构建特殊人群教育转化的干预策略、开展民事转刑事的矛盾化解规律研究、撰写决策咨询报告等方面进行了大量工作。

本手册即是丛书之一。本书的写作得到了诸多亲人、朋友和本人的硕士生的支持，得到了董圣鸿、王敬群、孙配贞及其他丛书编写组领导和同事的指导和大力支持。其中，张璟参与部分章节的写作，杨成、罗晨蕾、廖红红、林科筑、王佳琦、杨雪、邓范倩、郭旭、邓妍和邓灿参与了调查、资料收集、文稿整理等诸多重要的工作。编者们几经修改，最终完成了手册的撰写。在此表示衷心的感谢！

在编写过程中，也借鉴了国内外诸多专家的文献，吸收了他们关于心理健康的真知灼见，在此一并致谢。同时感谢在编写过程中给予帮助的所有朋友。

参编人员也深知，纵然精心编写，疏漏在所难免。希望各位读者朋友在阅读过程中能够不吝赐教，提出宝贵的意见和建议，帮助我们不断完善和提高。

编者

2024年12月